불 교 논 리 학 의 향 연

불교논리학의 향연

2016년 12월 31일 초판 1쇄 발행

글　　**범천**
사진　가연숙

펴낸이　이규만
편집　　상현숙
디자인　아르떼203

펴낸곳　불교시대사
출판등록　제1-1188호(1991년 3월 20일)
주소　서울시 종로구 인사동 7길 12 백상빌딩 1305호
전화　02-730-2500
팩스　02-723-5961
이메일　kyoon1003@hanmail.net
ⓒ 범천, 가연숙, 2016
ISBN 978-89-8002-152-9 93170

불교논리학의 향연

글
범
천

사
진
가
연
숙

불교시대사
1% 나눔의 기쁨

불교논리학의 기초

연 습 문 제

티 베 트 식 대 론 개 요

불교논리학의 기초

서론

본 서는 빤첸쐬남닥빠(pan chen bsod nams grags pa)가 저술한 불교 논리학 개론서인 『논리학-일체법을 비추는 거울(딱릭끼남샥 최꾼쌜외멜롱: rtags rigs kyi rnam gzhag chos kun gsal b'i me long)』의 내용을 근간으로 필자가 재구성한 것이다.

논서를 그대로 번역하면 현재 한국의 독자들이 읽기에는 어려움이 많을 것 같아서 부득이 이런 형식을 취하였다.

빤첸의 이 간략한 논서는 『석량론(釋量論)』에서 논리학 부분만을 추려서 정리한 것이다.

기원후 7세기경의 불교 승려 법칭(法稱: 다르마끼르띠: dhar-makīrti)이 저술한 『석량론』은 기원후 5~6세기경의 인물인 불교 논리학의 개조 진나(陳那: 딘나가: dinnāga)가 저술한 『집량론(集量論)』을 해설한 논서이다.

티베트 불교에서는『석량론』을 대단히 중시하여 현교 학습의 필수적인 한 축으로 삼아 학습과 연구가 이루어져 왔으며,『석량론』에 대한 주석서 역시 다수 집필되었다.

『석량론』은 일부는 경량부의 이론을 바탕으로 하고, 또 일부는 유식파의 이론을 바탕으로 하고 있다.

중관파의 입장에서도 불교논리학을 받아들일 수 있는가 하면, 실제로 중관자립파의 개조인 청변(淸辨: 바와위외까: bhāvaviveka)의 경우 불교논리학에 대단히 정통하였고, 중관귀류파의 개조인 월칭(月稱: 짠드라끼르띠: candrakīrti) 역시 귀류파의 입장에서 불교논리학을 대부분 수용할 수 있다고 설하였다.

1. 논증식과 그 요소

논증식은 "A 유법, B이다. C이기 때문에. 예를 들면 D처럼."의 형식으로 진술된다.

여기서 논증식에 들어가는 각각의 요소에 대한 명칭은 다음과 같다.

A : 유법(有法)

B : 소립법(所立法)

C : 논거

D : 보기

'A는 B' : 소립(所立) 또는 종(宗).

'C이면 반드시 B여야만 함' : 편충(遍充)

1) **유법** : 서양논리학에서 주사 또는 주개념에 해당한다. 유법이란 법을 가지고 있다는 뜻이며, 여기서 법이란 유법을 규정하는 어떤 특성 따위를 말한다. 예를 들면 "마음은 무상하다."라고 할 때 마음에게는 무상한 특성이 있으므로 그러한 무상함이라는 법(존재)을 가진 마음이 유법인 것이다.

2) **소립과 소립법, 소파와 소파법** : 소립이란 '입증하고자 하는 바'라는 뜻이며, 서양논리학의 명제에 해당한다. "마음은 무상하다."와 같은 것이 소립에 해당하며, 여기서 소립법은 '무상'이다. 즉 유법과 소립법을 합한 것이 소립이다. 또 소립을 다른 말로 종(宗)이라고도 한다.

서양논리학에서 말하는 빈사 또는 빈개념과 불교논리학의 소립법은 긍정문의 경우에서는 같지만 부정문의 경우에는 정반대가 된다. 예를 들어 "A는 B이다."라고 할 경우에는 빈사와 소립법이 똑같이 B가 되지만, "A는 B가 아니다."라고 할 경우에는 빈사는 여전히 B이고 소립법은 'B가 아님'이 된다.

소립법의 반대는 소파법(所破法)이라 한다. "마음 유법, 무상하다. 유위법이기 때문에."라고 논증하는 경우 '무상하지 않음'이 이 논증식의 소파법이다. 그리고 유법과 소파법을 합한 '마음은 무상하지 않음'이 소파이다.

3) 논거 : "마음은 무상하다. 유위법이기 때문에."라는 논증식에서 '유위법'이 논거에 해당한다. 한역으로는 인(因)이라 한다.

4) 보기 : 보기란 논거로 제시한 C이면 소립법인 B여야만 한다는 편충을 유법인 A 위에서 이해하기 전에 먼저 A와 유사한 다른 대상을 놓고서 C이면 B여야만 한다는 편충을 이해하도록 제시된 것이다. 그러면 보기로 제시된 D의 경우를 놓고서 편충을 이해한 후 유법인 A에 적용해 이해하고 결국 소립인 'A는 B'임을 이해하게 된다.

"마음 유법, 무상하다. 유위법이기 때문에. 예를 들면 항아리처럼."이라고 논증하는 경우 항아리가 보기에 해당한다.

보기에는 대부분의 경우 실례(사례)가 오지만 간혹 실례가 아닌 비유가 오기도 한다.

5) 편충 : 논거로 제시한 C이면 소립법인 B여야만 한다는 것이 편충이다.

편충자(편충하는 것)와 피편충자(편충되는 것) 두 가지는 서로 범주가 같거나 편충자가 피편충자보다 큰 포함관계여야 한다. 예를 들어 새와 조류는 범주가 같고, 동물과 새는 후자가 전자에 포함되는 포함관계이다.

다음의 여섯 가지 진술들은 서로 같은 의미를 나타낸다.

① 새는 모두 동물이다.

② 새이면 동물이어야 한다.

③ 새이면 동물임에 편충된다.(새이면 동물임이 편충한다.)

④ 새는 동물에 편충된다.

⑤ 동물이 새를 편충한다.(새를 동물이 편충한다.)

⑥ 새이면 동물이어야 한다는 편충이 있다.

다음의 여섯 가지 진술들 역시 서로 같은 의미이다.

① 동물이 모두 새인 것은 아니다.(새가 아닌 동물이 있다.)

② 동물이면 새여야 할 필요는 없다.

③ 동물이면 새임에 편충되지 않는다.(동물이면 새임이 편충하지 않는다.)

④ 동물은 새에 편충되지 않는다.

⑤ 새가 동물을 편충하지 않는다.(동물을 새가 편충하지 않는다.)

⑥ 동물이면 새여야 한다는 편충이 없다.

2. 유효 논거

유효 논거란 티베트어로 '딱양닥(rtags yang dag)'이라 한다.

딱양닥에서 딱은 논거, 표시, 증거 등의 의미이고, 양닥은 바른, 완전한, 진실한 등의 의미이다.

현장은 이것을 정인(正因)이라 번역하였다.

정인이나 딱양닥이나 우리말로 직역하면 '올바른 논거'가 되겠다. 그러나 현재 우리말에서는 올바른 논거라고 말할 때 떠오르는 바가 딱양닥의 개념과 서로 잘 부합하지 않는 면이 있다. 예를 들어 "A는 B이다. C이기 때문에."라고 논증하는 경우 C가 딱양닥이 되기 위해서는 논증 상대가 여러 가지 것들을 이해해야만 한다. 만약 논증 상대가 A가 C임을 이해하지 못하거나 C이면 B여야 한다는 것을 이해하지 못하는 등의 경우에 이것은 딱양닥이 되지 않는다. 그러나 상대가 이해 못 한다고 해서 올바른 논거

가 아니라는 것은 우리의 상식에선 좀 어이없게 느껴질 수 있다. 우리의 상식에서는 논증 상대가 어떤 것을 이해하건 못 하건 상관없이 정확한 사실을 논거로 제시하고 그 논거가 논증하고자 하는 명제를 정당화시키면 그것은 그대로 올바른 논거이다. 그러므로 딱양닥을 올바른 논거로 번역하는 것은 좀 불편한 감이 있는데 굳이 곧이곧대로 직역을 고집할 필요는 없지 않나 싶다.

그렇다면 딱양닥이 가리키는 그 정확한 지점을 현재 우리말의 어떤 술어가 가리킬 수 있을까 생각해 볼 때 그것은 바로 '유효 논거'가 아닐까 생각한다.

딱양닥을 완전한 논거라고 번역하는 것 역시 불편한 점이 있다. 이 경우 그 반대를 불완전 논거라고 해야 할 텐데, 상대가 얼토당토않은 논거를 제시할 때 "당신의 논거는 불완전하다."라고 말한다면 상당히 우습게 들릴 것이다. 물론 얼토당토않은 것도 불완전한 것에 포함되니까 논리적으로 잘못된 것은 없지만 아무튼 상식적인 어법과 크게 어긋나는 번역은 피해야 할 것이다.

반면 유효 논거의 반대를 무효 논거라 할 때 이러한 문제는 없어 보인다. "당신의 논거는 무효이다. 왜냐하면 이러이러한 오류가 있기 때문이다."라고 말하는 것은 논리적으로도 정확한 표현일 뿐만 아니라 상식적으로도 잘 통하는 얘기이기 때문이다.

그렇다면 유효 논거란 무엇인가 하면, '삼상(三相)인 것'이 유효 논거의 정의이다.

삼상이란 유효 논거가 되기 위해 갖추어야 할 세 가지 조건인 종법, 순편충, 역편충 등을 가리킨다.

1. 유효 논거의 세 가지 조건 : 종법, 순편충, 역편충

1) 종법

'마음이 무상함을 논증하는 경우에 종법에 임한 자에게 그것이 논증식의 진술 방식에 따라 마음에 오직 있는 것으로 확정되는 것'이 '마음이 무상함을 논증하는 종법'의 정의이다.

"마음 유법, 무상하다. 유위법이기 때문에. 예를 들면 항아리처럼."이라고 논증하는 경우의 유위법이 마음이 무상함을 논증하는 종법이다.

다른 경우에도 마찬가지로 적용하면 된다.

'연기 나는 언덕 위에 불이 있음을 논증하는 경우에 종법에 임한 자에게 그것이 논증식의 진술 방식에 따라 연기 나는 언덕 위에 오직 있는 것으로 확정되는 것'이 '연기 나는 언덕 위에 불이 있음을 논증하는 종법'의 정의이다.

"연기 나는 언덕 위에 유법, 불이 있다. 연기가 있기 때문에."라고 논증하는 경우의 연기가 이 논증식의 종법이다.

정의가 왜 이렇게 복잡하고 골치 아프게 되어 있을까, 좀 쉽게 얘기하면 안 될까 생각되겠지만, 종법인 것이 종법의 정의에 부합하지 않거나 종법 아닌 것이 종법의 정의에 부합하는 일이 없도록 하기 위해서 이렇게 복잡하게 될 수밖에 없었던 것이다.

정의에서 '확정되는 것'은 바른지각에 의해 확정되는 것을 의미한다.

바른지각이란 범어 쁘라마나를 필자가 번역한 것이다. 한역으로는 양(量)이라 한다. 분류하면 현량(現量:바른직관)과 비량(比量:바른추론)이 있다.

첫 번째 논증식의 경우에 종법에 임한 자가 마음이 유위법임을 바르게 지각하지 못하면 종법이 성립되지 않는다.

예를 들면 유위법의 의미를 이해하지 못한 사람에게 "마음 유법, 무상하다. 유위법이기 때문에."라고 논증하는 경우 유위법은 이 논증식의 종법이 되지 못한다.

정의에서 '논증식의 진술 방식에 따라 ~에 있는'이라고 한 말이 무슨 의미인가 하면, 예를 들어 "마음 유법, 무상하다. 유위법이기 때문에."라고 논증하는 경우 "~은 ~이다."라는 진술 방식을 취하고 있다. 그러므로 이 경우 종법이 되는 유위법이 논증식의 진술 방식에 따라 마음에 있다는 말은 "마음은 유위법이다."라는 의미이다.

또 다른 경우 예를 들어 "연기 나는 언덕 위에 유법, 불이 있다. 연기가 있기 때문에."라고 논증하는 경우에는 진술 방식이 "~에 ~이 있다."가 된다. 이 경우 종법이 되는 연기가 이러한 진술 방식에 따라 언덕 위에 있다는 말은 "연기 나는 언덕 위에 연기가 있다."라는 의미이다.

다시 말해 논증식의 진술 방식에는 "A는 ~이다."와 "A에 ~가 있다." 두 가지가 있는데, C가 전자의 진술 방식에 따라 A에 있다는 말은 A가 C라는 의미이고, C가 후자의 진술 방식에 따라 A에 있다는 말은 "A에 C가 있다."라는 의미라는 얘기이다.

이와 같이 논증식의 진술 방식에 따라 유법 위에 있지 않은 것은 종법을 성립시키지 못한다. 예를 들면 "마음 유법, 무상하다. 무위법이기 때문에."라는 논증식에서 무위법은 논증식의 진술 방식에 따라 마음에 있지 않다. 즉 마음은 무위법이 아니다. 그렇기 때문에 마음이 무상함을 논증하는 종법이 될 수 없다.

정의에서 '오직 있는 것으로'의 의미를 설명하면, 예를 들어 A에 오직 있다는 말은 모든 A에 있다는 말이다. 그러므로 모든 A에 있지 않은 것은 A가 B임을 논증하는 종법이 되지 않는다. 예를 들면, "나무 유법, 유정(有情)이다. 밤에 잎을 움츠리고 자기 때문에."라는 논증식에서 '밤에 잎을 움츠리고 자는 것'은 나무가 유정임을 논증하는 종법이 되지 않는다. 왜냐하면 밤에 잎을 움츠리고 자는 것은 논증식의 진술 방식에 따라 나무에 오직 있는 것이 아니기 때문이다. 즉 모든 나무가 밤에 잎을 움츠리고 자는 것이 아니기 때문이다.

'종법에 임한 자'란 "A 유법, B이다. C이기 때문에."라고 논증하는 경우 A가 C임을 바른지각에 의해 확정한 후 A가 B인지 아닌지 알고자 하는 자이다. 그러므로 소립(A는 B)을 이미 바르게 지각하고 있는 자에게는 종법이 성립하지 않는다. 예를 들어 부처님을 상대로 "마음 유법, 무상하다. 유위법이기 때문에."라고 논증하는 경우 유위법은 이 논증식의 종법이 아니다.

이 밖에도 종법에 임한 자의 조건에 유효 논거의 두 번째 조건인 순편충을 아직 성립시키지 않은 자임을 포함시켜야 하는지의 여부에는 이견이 있다.

2) 순편충

'마음이 무상함을 논증하는 경우에 논거의 두 번째 조건에 임한 자에게 그것이 마음이 무상함을 논증하는 경우의 동품(同品)에만 있는 것으로 확정되는 것'이 '마음이 무상함을 논증하는 순편충'의 정의이다.

'마음이 무상함을 논증하는 경우의 동품'이란 '무상한 것'을 가리킨다. 반대로 '무상하지 않은 것'은 '마음이 무상함을 논증하는 경우의 이품(異品)'이다.

'동품에 있는 것'에 부합하지 않는 경우는 예를 들어 "항아리 유법, 항상하다. 물질이기 때문에."라는 논증식에서의 물질 따위이다. 물질은 항아리가 항상함을 논증하는 경우의 동품에 있지 않고 이품에 있다. 왜냐하면 물질은 항상한 것이 아니라 항상하지 않은 것이기 때문이다. 그러므로 물질은 항아리가 항상함을 논증하는 순편충이 되지 못한다.

'동품에만 있는 것'의 '~에만'에 부합하지 않는 경우는 예를 들어 "철이는 남자이다. 인간이기 때문에."라고 논증하는 경우의 인간 따위이다. 인간은 이 논증식의 동품인 남자에 있지만 남자에만 있는 것은 아니다. 왜냐하면 남자가 아닌 여자에도 있기 때문이다. 이와 같이 인간은 이 논증식의 동품에만 있지 않고 이품에도 역시 있기 때문에 철이가 남자임을 논증하는 순편충이 되지 않는다.

'논거의 두 번째 조건'이란 순편충을 의미한다.

'논거의 두 번째 조건에 임한 자'의 조건에 대해서는 분명하게 규정해 놓은 설명이 보이지 않는다.

'확정되는 것'에 부합하지 않는 경우는 틀렸기 때문에 확정되지 않는 경우와 논증 상대가 알지 못하기 때문에 확정되지 않는 두 가지 경우가 있다.

예를 들어, "철이는 남자이다. 인간이기 때문에."라고 논증하는 경우 인간은 이 논증식의 동품에만 있는 것이 아니기 때문에 이 논증식의 동품에만 있는 것으로 확정되지 않는다.

유위법이 무엇인지 모르는 논증 상대에게 "물질 유법, 무상하다. 유위법이기 때문에."라고 논증하는 경우에는 논증 상대가 유위법이 이 논증식의 동품에만 있는지 여부를 알 수 없으므로 유위법이 이 논증식의 동품에만 있는 것으로 확정되지 않는다.

순편충을 다시 쉽게 설명하면 "A 유법, B이다. C이기 때문에."라고 논증하는 경우 C이면 B여야만 한다는 당위성(편충)이 성립하고, 그것을 논거의 두 번째 조건에 임한 자가 바르게 지각하는 경우의 C를 말한다.

"마음 유법, 무상한 존재이다. 유위법이기 때문에."라고 논증하는 경우 순편충이 성립하기 위해서는 먼저 세 가지 바른지각이 선행되어야 한다. 그 세 가지란 다음과 같다.

① 무상한 존재와 무상한 존재가 아닌 것 두 가지를 배중적 모순으로 확정하는 바른지각.

② 유위법을 확정하는 바른지각.

③ 무상한 존재가 아닌 것에 유위법이 없음을 확정하는 바른 지각.

배중적 모순이란 가운데를 배제하는 모순이라는 뜻으로서, 이 것 아니면 저것 둘 중의 하나일 뿐 제3의 것은 존재하지 않는 모 순을 말한다.

남자와 여자는 배중적 모순이 아니다. 왜냐하면 돌멩이는 남 자도 여자도 아니기 때문이다. 그러나 남자이면 여자가 아니어 야 하고 여자이면 남자가 아니어야 하기 때문에 남자와 여자는 일반적으로 모순이다.

한편 남자와 남자 아닌 것은 배중적 모순이다. 이 두 가지 중의 어느 것도 아닌 지점에 위치하는 것은 불가능하다. 남자임을 부 정할 때 남자가 아닌 것에 포함되고, 남자가 아님을 부정할 때 남 자에 포함되기 때문이다.

또 두 가지 모두가 되기도 불가능하다. "나는 남자이기도 하고 남자가 아니기도 합니다."라고 말하더라도 그것은 모순된 말일 뿐, "남자가 아닙니다."라고 말할 때 이미 그것이 남자임을 부정 한 것이고, "남자입니다."라고 말할 때 이미 그것이 남자가 아님 을 부정한 것이기 때문이다. 그러므로 결코 양쪽 모두일 수 없다.

위의 세 가지 바른지각 중 첫 번째 것이 없다면 편충을 확정할 수 없다. 왜냐하면 유위법이 무상한 존재가 아닌 것에 없다는 것을 이해했더라도 그것이 유위법이 무상한 존재에 있다는 결론이 된다는 것을 확정할 수 없기 때문이다. 파란색과 노란색은 배중적 모순이 아니기 때문에 파란색이 아니라는 것을 확정하더라도 그것으로써 노란색으로 결정 내릴 수 없는 것과 마찬가지이다.

두 번째의 바른지각이 없다면 유위법에 대해 확정하지 못했으므로 당연히 그것이 무상한 존재에만 있는지 어떤지 확정할 수가 없고, 그러므로 '유위법이 이 논증식의 동품에만 있는 것으로 확정되는 것'이라는 순편충의 조건이 충족되지 못한다.

세 번째의 바른지각이 없다면 이품에 없음이 확정되지 않았으므로 동품에만 있음이 확정될 수 없다. 동품에만 있음이 확정되려면 동품에는 있고 이품에는 없음이 확정되어야 하기 때문이다.

3) 역편충

'마음이 무상함을 논증하는 경우에 논거의 세 번째 조건에 임한 자에게 그것이 마음이 무상함을 논증하는 경우의 이품(異品)에 전혀 없는 것으로 확정되는 것'이 '마음이 무상함을 논증하는 역편충'의 정의이다.

"철이 유법, 남자이다. 인간이기 때문에"라고 논증하는 경우

인간은 이 논증식의 이품에 없는 것이 아니라 있다. 왜냐하면 남자가 아닌 여자도 인간이기 때문이다. 그러므로 인간은 철이가 남자임을 논증하는 역편충이 되지 않는다.

역편충을 쉽게 설명하면 "A 유법, B이다. C이기 때문에."라고 논증하는 경우 B가 아니면 C가 아니어야 한다는 당위성(편충)이 성립하고, 그것을 논거의 세 번째 조건에 임한 자가 바르게 지각하는 경우의 C를 말한다.

B가 아니면 C가 아니어야 한다는 말은 C이면 B여야 한다는 말과 같다. 이해하기 쉽게 예를 들어보면, 박쥐이면 동물이어야 한다는 말은 곧 동물이 아니면 박쥐가 아니어야 한다는 말과 같다.

만약 어떤 사람이 이것을 부정하고 "박쥐이면 동물이어야 한다. 그러나 동물이 아니면 박쥐가 아닐 필요는 없다."라고 주장한다면 이것을 논파하기는 지극히 쉽다. 그에게 동물이 아니면서 박쥐인 것을 제시해 보라고 하면 된다. 그가 무슨 기상천외한 것을 제시하건 걱정할 필요가 없다. 배트맨을 데려오건 황금박쥐를 모셔오건 상관없다. 그저 이렇게 말하면 된다.

"배트맨이 박쥐인데 동물이 아니라고? 박쥐이면 동물이어야 한다면서?"

다시 말하지만 이것은 어떤 사례를 가지고 오느냐의 문제가 아니다. "X가 박쥐인데 동물이 아니라고? 박쥐이면 동물이어야 한다면서?" 여기서 X에 무엇을 집어넣건 상관없이 패배는 이미 상대방에게 예약되어 있는 것이다.

그렇다면 반대로 "동물이 아니면 박쥐가 아니어야 한다."는 것은 인정하지만 "박쥐이면 동물이어야 한다."는 것은 인정하지 않는 경우도 마찬가지일 테니 굳이 확인해 볼 필요는 없겠지만 혹시 필요한 사람이 있을지도 모르니 확인해 보도록 하겠다.

만약 누군가가 "동물이 아니면 박쥐가 아니어야 한다. 그러나 박쥐이면 꼭 동물이어야 할 필요는 없다."라고 주장한다면, 그런 게 뭐가 있는지, 다시 말해서 박쥐이면서 동물이 아닌 것이 뭐가 있느냐고 물어보면 된다. 그가 만약 황금박쥐를 제시하면 이렇게 말한다.

"황금박쥐가 동물이 아닌데 박쥐라고? 동물이 아니면 박쥐가 아니어야 한다면서?"

이번에는 티베트 불교를 처음 배우기 시작하는 분들을 위해 티베트식 대론의 방식대로 논파 과정을 나타내면 다음과 같다.

논증 상대 : ①박쥐이면 동물이어야 한다. 그러나 동물이 아니면 박쥐가 아닐 필요는 없다.

논증자 : 제시하시오. (동물이 아니면서 박쥐인 것을)

논증 상대 : 배트맨이오.

논증자 : 배트맨이 박쥐입니까?

논증 상대 : 그렇습니다.(②배트맨은 박쥐다.)

논증자 : 배트맨이 동물이 아닙니까?

논증 상대 : 그렇습니다.(③배트맨은 동물이 아니다.)

논증자 : 배트맨은 동물입니다. 박쥐이기 때문에.

여기서 상대가 할 수 있는 대답에는 승인, 논거 오류, 불편충 등 세 가지가 있는데, 이 중 어느 것을 말하더라도 모두 자신의 먼젓번 주장을 부정하게 된다.

승인한다는 대답은 배트맨은 동물임을 인정한다는 것이고, 이 경우 자신의 ③번 주장이 부정된다.

논거 오류라고 대답하는 경우는 배트맨이 박쥐라는 말을 부정하는 대답이므로 자신의 ②번 주장을 부정한 것이다.

불편충이라고 대답하면 박쥐이면 동물이어야 한다는 것을 부정한 말이므로 그것은 자신의 ①번 주장을 부정한 것이다.

"박쥐이면 동물이어야 한다. 그러나 동물이 아니면 박쥐가 아닐 필요는 없다."라는 주장을 철회하지 않는 한 그는 이런 과정을 통해 영원히 패배한다. 빠져나갈 구멍이 없다. 그러므로 아무리 둔한 사람일지라도 이런 과정을 두세 번만 거치고 나면 C이면 B

여야 한다는 것을 인정하면 B가 아니면 C가 아니어야 한다는 것
역시 인정할 수밖에 없다는 사실을 확실히 이해하게 된다.

역편충의 정의에서 '전혀'라는 말의 필요성 여부에 대해 문제
제기가 있다.

'이품에 전혀 없는 것으로 확정되는 것'이라 하였는데, 여기서
'전혀'라는 말이 있건 없건 의미에는 차이가 없기 때문이다. 혹시
'전혀'라는 번역어에 의문을 가질 수 있으니 이 문제에 대해서는
잠시 후 논하도록 하겠다.

이품에 없다면 그것은 이품에 전혀 없는 것이지, 이품 중의 어
떤 것에는 있고 어떤 것에는 없다면 그것은 이품에 있다고 말해
야지 없다고 말해서는 안 된다.

『딱릭기남샥최꾼쎌외멜롱(논리학-일체법을 비추는 거울)』과
『석량론』 주석서인『석량론선현밀의소(釋量論善顯密意疏: 남델
공빠랍쎌: rnam 'grel dgongs pa rab gsal)』에서 뻰첸쐬남닥빠는 이 문
제에 대해 다음과 같이 설명하고 있다.

'전혀'라는 말에 필요성이 있다. 무상함이 소라나팔 소리가
노력에 의해 생긴 것임을 논증하는 경우의 역편충이 되는 오류
를 막기 위해서이다. 그 말(전혀)에 의해 그러한 오류가 방지되
는 이유는 무상함이 소라나팔 소리가 노력에 의해 생긴 것임을

논증하는 경우의 이품에 전혀 없는 것이 아니기 때문이다. 왜냐하면 이 논증식의 이품이면 무상해야 하는 것도, 무상하지 않아야 하는 것도 아니기 때문이다. 왜냐하면 이 논증식의 이품인 번개는 무상하고 허공은 무상하지 않기 때문이다.

여기서 예로 든 논증식은 "소라나팔 소리 유법, 노력에 의해 생긴 것이다. 무상하기 때문에."라는 논증식이다.

무상함이 이 논증식의 역편충이 되는 오류를 방지하기 위해서 역편충의 정의에 '전혀'라는 말이 필요하다고 하였다. 그러나 무상함이 이 논증식의 역편충이 되지 않는 이유는 이 논증식의 이품(노력에 의해 생긴 것이 아닌 것)에 있기 때문이다. 인용한 구절에서도 나오듯 번개 따위가 바로 노력에 의해 생긴 것이 아니면서 무상한 것이기 때문이다. 그러므로 역편충의 정의 안에 굳이 '전혀'라는 말이 없더라도 무상함은 이 논증식에서 역편충의 정의 안에 있는 '이품에 없는 것'이라는 말에 부합하지 못하므로 역편충이 되지 않는다.

좀 복잡하면 다른 간단한 논증식으로 바꿔 보자.

"돼지 유법, 동물이다. 존재하기 때문에." 이 논증식은 앞의 논증식과 정확히 구조가 같다. 즉 종법은 성립하지만 논거이면 소립법이어야만 하는 편충은 성립하지 않는 구조로 되어 있다.

여기서 존재는 이 논증식의 이품인 동물 아닌 것에 있다. 왜냐하면 동물이 아닌 나무나 돌 따위도 역시 존재하기 때문이다. 그러므로 존재가 이 논증식의 역편충이 되는 것을 막기 위해서 '전혀'라는 말이 필요하다는 것은 말이 안 된다. '전혀'라는 말이 없더라도 존재는 이 논증식의 이품에 없는 것으로 확정되지 않는다. 왜냐하면 이 논증식의 이품에 있기 때문이다.

그러므로 '전혀'라는 말은 역편충의 정의에 들어갈 필요가 없다고 생각된다. 한 발 물러서서 얘기하더라도 필요가 있다면 의미상에서가 아니라 다른 어떤 필요성을 이야기하면 모를까, 인용한 바와 같이 어떤 것이 역편충이 되는 오류를 방지하기 위해 '전혀'라는 말이 필요하다는 따위의 말은 전혀 논리에 맞지 않다. 왜냐하면 역편충의 정의 안에 '전혀'라는 말이 있는가 없는가에 따라서 역편충의 정의에 부합하거나 부합하지 않는 차이가 생겨나는 경우는 없기 때문이다.

다시 한 번 말하지만 이품에 없다는 말과 이품에 전혀 없다는 말은 의미에서 아무런 차이가 있을 수 없다. 차이가 만약 있다면, 없는데 전혀 없는 것은 아닌 것, 또는 전혀 없는 것인데 없는 것은 아닌 것 둘 중에 하나를 제시해야 한다. 한 번 생각해 보자. 과연 내 방에 없으면서 전혀 없는 것은 아닌 것을 제시할 수가 있는지, 아니면 전혀 없으면서 없는 것은 아닌 것을 제시할 수 있는지

를……

이를테면 "내 방에는 코끼리가 없다. 그러나 내 방에는 코끼리가 전혀 없는 것은 아니다."라는 말이 합당한가? 아니면, "내 방에는 코끼리가 전혀 없다. 그러나 내 방에는 코끼리가 없는 것은 아니다."라는 말이 합당한가?

그러나 빤첸쐬남닥빠는 인용한 구절을 통해서 '없지만 전혀 없는 것은 아닌 사례'를 제시한 꼴이 되었다. 이것이 빤첸의 본뜻이 아님은 불확정 논거의 경우를 보면 알 수 있다.

빤첸이 불확정 논거에 대해 설명할 때 "소리 유법, 노력에 의해 생긴 것이 아니다. 무상하기 때문에."라고 논증하는 경우의 무상함을 참불확정 논거의 세 번째 사례로 제시하였는데, 참불확정 논거의 정의는 다음과 같다.

'그 논증식의 공통 불확정 논거이자, 그 논증식의 종법이 성립된 자에게 그것이 그 논증식의 동품과 이품 양쪽에 있는 것으로 확정되는 것'

이 정의에 의해서 무상함은 "소리 유법, 노력에 의해 생긴 것이 아니다. 무상하기 때문에."라는 논증식의 동품과 이품 양쪽에 있으므로 동품인 '노력에 의해 생긴 것이 아닌 것'에 있다는 결론이 된다. 다시 말해서 이런 경우에 빤첸이 무상함이 '노력에 의해 생긴 것이 아닌 것'에 없지만 전혀 없는 것은 아니라는 따위로 생각

하지 않는다는 것은 여기서 명확하게 입증된다.

만약 '없는 것'과 '전혀 없는 것'은 의미에 차이가 있다고 끝까지 고집을 부려서 어떤 것의 전체에 없는 경우에는 그냥 없는 것이라 말하지 않고 전혀 없다고 말해야 하고, 어떤 것의 일부에는 있고 일부에는 없는 경우에는 없다고 말해야 한다고 주장한다면, 이번엔 순편충에서 문제가 발생한다. 왜냐하면 순편충의 정의 안에는 '동품에만 있는 것'이라는 조건이 있는데, 동품에만 있기 위해선 동품에 있어야 하고, 그러한 동품에 있다는 사례들 중에는 동품의 일부에만 있는, 즉 동품의 일부에는 있고 일부에는 없는 것들도 포함되기 때문이다. 예를 들어, "돼지 유법, 존재한다. 동물이기 때문에."라고 논증하는 경우 동물은 이 논증식의 동품인 존재 전체에 있는 것이 아니라 존재의 일부에만 있다. 왜냐하면 존재에는 동물이 아닌 것들도 포함되기 때문이다. 그러나 만약 앞서의 주장대로라면 동물은 이 논증식의 동품에 있다고 말하지 못하고 없다고 말해야 하므로 순편충을 성립시키지 못한다는 오류가 된다.

또, 그렇다면 유효 논거에는 오직 소립법과 논거의 범주가 같은 이를테면 "돼지 유법, 존재한다. 있기 때문에." 따위의 것들만 남고, "돼지 유법, 존재한다. 동물이기 때문에."의 경우처럼 논거보다 소립법이 큰 경우는 모두 유효 논거가 될 수 없다는 어처구

니없는 결론이 된다.

뿐만 아니라 그러한 주장은 모든 상식을 파괴하고 불교 역시 성립할 수 없게 만든다. 왜냐하면 예를 들어 항아리 따위는 모든 곳에 존재하는 것은 아니지만 어느 일부 장소에 있기 때문에 있다고 인정해야 하는 것이기 때문이고, 이와 마찬가지로 상식과 불교에서 인정하는 대부분의 존재들이 그러하기 때문이다.

그렇다면 이제 '전혀'라는 번역이 잘못됐기 때문이 아닐까라는 의심이 생겨날 수 있겠는데, 여기서 '전혀'라고 번역한 티베트어는 '니(nyid)'이다. 이것은 '단지', '오직', '~만', '~ 그 자체', '~성(性)'이라고 번역되는 말이다. 그러므로 역편충의 정의에서 '메빠니두(med pa nyid du)'는 직역하면 '없기만 한 것으로', '없는 것으로만', '오직 없는 것으로' 등으로 번역될 수 있겠다.

그러나 결국 문제는 '없기만 하다는 그 말이 무슨 뜻인가?', '왜 그냥 없다고 안 하고 없기만 하다고 말했는가?', '니(nyid)가 여기에 왜 필요한가?'이며, 뺀첸의 설명에 따르면 인용한 곳에서도 보았듯 '니'가 있는 것과 없는 것이 의미상에 차이가 있다고 보고 있고, 이와 같이 메빠와 메빠니의 의미상의 차이를 구분할 경우 필연적으로 순편충에서 오류가 발생하므로, '니'를 어떤 말로 번역하는가와는 아무런 상관이 없는 것이다.

2. 유효 논거의 분류

1) 본질에 따른 분류 : 결과 논거, 자성 논거, 부정 논거

C이면 B여야만 한다는 것, 즉 모든 C는 B라는 편충이 어떻게 성립하는가 하는 문제는 어려운 문제인데, 불교논리학에서는 이것을 B와 C의 관계성에서 찾는다.

어떤 두 가지 존재의 관계에는 본질이 같은 관계와 인과 관계가 있고, 그에 따라 본질이 같은 관계이기 때문에 편충이 성립하는 경우와, 인과 관계이기 때문에 편충이 성립하는 경우 두 가지가 생겨난다.

후자의 논거를 결과 논거라 하고, 전자의 논거에는 명시 소립법이 긍정 존재인 것과 부정 존재인 두 가지 경우가 있어서 전자를 자성 논거, 후자를 부정 논거라 한다.

부정 존재란 '대상을 지각할 때 그것의 배격 대상을 직접 배격하는 방식으로 지각되는 존재'를 의미한다.

긍정 존재는 그와 반대로 '대상을 지각할 때 그것의 배격 대상을 직접 배격하는 방식이 아닌 방식으로 지각되는 존재'를 의미한다.

부정 존재를 분류하면 부분 부정 존재와 전체 부정 존재가 있다.

부분 부정 존재란 그것의 배격 대상을 배격한 나머지로 다른 긍정 존재를 나타내는 부정 존재를 의미한다. 분류하면 다른 긍정 존재를 직접 나타내는 부분 부정 존재, 간접적으로 나타내는 부분 부정 존재, 직간접 두 가지 모두로 나타내는 부분 부정 존재, 상황에 의해 나타내는 부분 부정 존재 등의 네 가지가 있다.

직접 나타내는 부분 부정 존재는 예를 들면 '나무 없는 산' 따위가 있다. 이것은 나무를 배격한 나머지로 산을 직접 나타내기 때문이다.

간접적으로 나타내는 부분 부정 존재의 예는 '뚱뚱한 데와닷따가 낮에는 음식을 먹지 않는다.' 따위이다. 이것은 뚱뚱한 데와닷따가 낮에 음식을 먹는 것을 배격한 나머지로 밤에 음식을 먹는 것을 간접적으로 나타내기 때문이다.

직간접 모두로 나타내는 부분 부정 존재의 예는 '뚱뚱한 데와닷따가 낮에는 음식을 먹지 않는데 건강하다.' 따위이다. 이것은 밤에 음식을 먹는 것을 간접적으로 나타내고 건강하다는 것을 직접적으로 나타낸다.

상황에 의해 나타내는 부분 부정 존재는 예를 들어 어떤 사람이 바라문이나 왕족 둘 중의 하나임이 분명할 때 '저 사람은 왕족이 아니다.'라고 말한 경우 따위이다. 이것은 그 사람이 바라문이라는 것을 상황에 의해서 나타낸다.

전체 부정 존재란 어떤 것을 배격한 나머지로 다른 긍정 존재를 나타내지 않는 부정 존재를 의미한다. 분류하면 자신의 배격 대상이 일반적으로 존재하는 전체 부정 존재와 일반적으로 존재하지 않는 전체 부정 존재 두 가지가 있다.

자신의 배격 대상이 일반적으로 존재하는 전체 부정 존재의 예는 '무탐착' 따위이다. 이것은 탐착을 배격하기만 할 뿐 그 밖의 다른 긍정 존재를 나타내지 않으며, 자신의 배격 대상인 탐착이 일반적으로는 존재하는 것이기 때문이다.

자신의 배격 대상이 일반적으로 존재하지 않는 전체 부정 존재의 예는 '창조주는 없다.' 따위이다. 이것은 창조주를 배격만 할 뿐 그 밖의 다른 긍정 존재를 나타내지 않으며, 자신의 배격 대상인 창조주가 일반적으로도 존재하지 않기 때문이다.

한 가지 혼동할 수 있는 경우는 '바라문은 술을 마시지 않는다.'와 같은 경우이다. 이것은 자신의 배격 대상이 일반적으로 존재하는 전체 부정 존재인데, 이것이 다른 긍정 존재인 바라문을 나타낸다고 생각해서 부분 부정 존재라고 혼동하는 경우가 있다. 그러나 여기서 바라문은 술을 마시는 것을 배격한 나머지로 나타낸 대상이 아니라 배격한 나머지가 있는지 없는지를 따질 밑바탕이다. 다시 말해 바라문이라는 밑바탕에서 음주를 배격한 후 배격한 나머지로 다른 것을 나타내는지 나타내지 않는지를 따지는 것이므로 여기에 바라문은 나타내고 나타내지 않는 것을 따지는 대상에 해당되지 않는다. 만약 "바라문은 술을 마시지 않고 물을 마신다."라고 한다면 바라문이라는 밑바탕에서 음주를 배격한 나머지로 물을 마신다는 것을 나타냈으므로 이것은 부분 부정이 된다.

(1) 결과 논거

'연기라는 논거로써 연기 나는 언덕 위에 불이 있음을 논증하는 경우의 명시 소립법 중에 연기의 원인인 것이 있고, 연기라는 논거로써 연기 나는 언덕 위에 불이 있음을 논증하는 경우의 삼상(三相)인 것'이 '연기라는 논거로써 연기 나는 언덕 위에 불이 있음을 논증하는 유효 결과 논거'의 정의이다.

논증식은 다음과 같다.

"연기 나는 언덕 위에 유법, 불이 있다. 연기가 있기 때문에."

정의에서 '삼상인 것'이란 종법, 순편충, 역편충, 이 세 가지 모두인 것이라는 의미이다.

명시 소립법이란 논증식에서 명시되어 있는 소립법이라는 의미이다. 이 논증식의 경우 '불'과 '불이 있음' 두 가지가 명시 소립법이 된다.

이 논증식의 명시되지 않은 소립법은 '불이 없지 않음' 따위

이다.

정의에서 '명시 소립법 중에 연기의 원인인 것이 있고'라고 한 것은 이 경우 불을 두고 하는 말이다.

'명시 소립법이면 연기의 원인이어야 하고'라고 말하지 않은 이유는 '불이 있음' 역시 이 논증식의 명시 소립법이지만 연기의 원인이 아니기 때문이다.

불은 유위법이기 때문에 원인이 될 수 있지만 '불이 있음'은 무위법이기 때문에 원인이 될 수 없다.

일반적으로는 "불이 있는 것이 원인이 돼서 연기가 생긴다."라고 표현할 수도 있겠지만 이것은 논리적 정확성을 염두에 두지 않은 부정확한 언어 사용일 뿐, 논리적으로 정확성을 기하고자 한다면 불이 연기의 원인이 되는 것이지, 불이 있음이 연기의 원인이 되는 것이 아니다.

논리적으로 따지지 않는다면 대충 말해도 서로 의미를 알아듣고 진술한 바가 거짓이라는 따위의 반박이 일어나지 않겠지만 논리적으로 따져들 경우 정확하지 않은 언어 사용은 심각한 모순을 초래한다. 예를 들어 "북극곰은 하얀색이다."라고 누가 말할 경우 일반적으로는 어느 누구도 여기에 이의를 달지 않을 것이다. 그러나 이러한 진술을 엄밀하게 정확한 논리적 진술로 받아들일 경우 어이없는 결론과 모순을 이끌어 낸다. 왜냐하면 하얀색이면 색깔이어야 하고, 색깔이면 동물이 아니어야 하므로 북극곰은 동물이 아니라는 결론이 되기 때문이다.

여기서 좀 더 정확한 언어를 구사하자면 "북극곰의 털색은 하얀색이다."가 될 것이다.

불이 있음이 원인이 아닌 것과 마찬가지로 연기가 있음 역시 결과가 아니다. 그러므로 "연기 나는 언덕 위에 유법, 불이 있다. 연기가 있기 때문에."라고 논증하는 경우 연기는 이 논증식의 결과 논거이지만, 연기가 있음은 결과 논거가 될 수 없다. 그러나 이 논증식의 논거로는 연기와 연기가 있음 두 가지가 모두 인정된다. 그렇다면 연기가 있음은 이 논증식의 어떤 논거냐 하면 '이 논증식의 자성 논거'가 된다. 잠시 후 설명할 자성 논거의 정의를 가지고 검토해 보면 될 것이다.

결과 논거를 분류하면 다음의 다섯 가지가 있다.

① **일반적으로 원인을 논증하는 결과 논거** : 예를 들면, "연기 나는 언덕 위에 유법, 불이 있다. 연기가 있기 때문에."라고 논증하는 경우의 연기.

② **원인이 선행했음을 논증하는 결과 논거** : 예를 들면, "허공의 연기 유법, 자신의 원인인 불이라는 원인이 선행한 것이다. 연기이

기 때문에."라고 논증하는 경우의 연기.

③ **구체적 원인을 논증하는 결과 논거** : 예를 들면, "색법을 지각하는 근식(根識) 유법, 자신의 증상연(增上緣)과 등무간연(等無間緣) 외에 또 다른 자신의 연(緣)이 있다. 자신의 증상연과 등무간연이 갖추어진 것만으로는 발생하지 않는데 어느 때 발생하기 때문에."라고 논증하는 경우의 '자신의 증상연과 등무간연이 갖추어진 것만으로는 발생하지 않는데 어느 때 발생.'

④ **원인 자체를 논증하는 결과 논거** : 예를 들면, "유루취온(有漏取蘊) 유법, 자신의 원인이 있다. 때때로 발생하기 때문에."라고 논증하는 경우의 '때때로 발생.'

⑤ **원인의 특성을 논증하는 결과 논거** : 예를 들면, "입 안의 사탕에 유법, 전 찰나의 사탕의 맛이 현재 찰나의 사탕의 모양을 발생시키는 효력이 있다. 현재 찰나의 사탕의 맛이 있기 때문에."라고 논증하는 경우의 '현재 찰나의 사탕의 맛.'

여기서 원인의 특성이란, 논거인 '현재 찰나의 사탕의 맛'의 원인인 '전 찰나의 사탕의 맛'이 가지고 있는 특성인 '전 찰나의 사탕의 맛이 현재 찰나의 사탕의 모양을 발생시키는 효력'을 가리

킨다.

(2) 자성 논거

'유위법이라는 논거로써 마음이 무상한 존재임을 논증하는 경우의 명시 소립법은 모두 유위법과 동자성이고, 유위법이라는 논거로써 마음이 무상한 존재임을 논증하는 경우의 삼상인 것.' 이 '유위법이라는 논거로써 마음이 무상한 존재임을 논증하는 경우의 유효 자성 논거'의 정의이다.

논증식은 다음과 같다.

"마음 유법, 무상한 존재다. 유위법이기 때문에."

유효 자성 논거의 논증에는 논거와 소립법의 범주가 같은 경우가 있고, 작은 논거가 큰 소립법에 포함되는 경우가 있다.

전자는 앞의 사례처럼 소립법인 무상한 존재와 논거인 유위법이 범주가 같은 경우이다.

후자는 "마음 유법, 지각 대상이다. 유위법이기 때문에."라고 논증하는 경우처럼 논거인 유위법이 소립법인 지각 대상에 포함되는 경우이다.

정의에 있는 '동자성'이란 무엇인가 하면, '현량에 나타날 경우 따로따로 나타나지 않는 두 개 이상의 존재'가 동자성의 정의이다.

현량이란 분별식의 개입 없이 대상이 관념과 섞이지 않고 선명하게 나타나는 바른지각이다.

예를 들면, 기둥과 항아리 등은 현량에 나타날 때 따로따로 나타나지만, 항아리와 무상함은 현량에 나타날 때 따로따로 나타나지 않는다. 무상함은 항아리의 본질이기 때문이다. 그래서 무상함은 항아리와 동자성이다.

이와 같이 자성 논거에 있어서의 편충의 성립은 동자성의 관계에 의거하고 있다.

(3) 부정 논거

'그 논증식의 유효 논거이자, 그 논증식의 명시 소립법 중에 부정 존재가 있는 것'이 '그 논증식의 유효 부정 논거'의 정의이다.

분류하면 유효 불현(不現) 부정 논거와 유효 가현(可現) 부정 논거 두 가지가 있다.

① 불현 부정 논거

'앞의 이 장소에서, 나찰에 대해 전혀 모르는 사람에게 나찰이 있음을 확정하는 올바른 두 번째 찰나의 식(識)이 일어나지 않음을 논증하는 경우의 유효 부정 논거이자, 이 논증식의 소파법에 딸린 주요 대상이 존재하고, 그 소파법에 딸린 주요 대상이 이 논증식의 알고자 하는 유법 위에서 이 논증식의 종법이 성립한 자의 바른지각에 나타날 수 없는 것'이 '이와 같이 논증하는 경우의 유효 불현 부정 논거'의 정의이다.

논증식은 다음과 같다.

"앞의 이 장소에서 유법, 나찰에 대해 전혀 모르는 사람에게 나찰이 있음을 확정하는 올바른 두 번째 찰나의 식이 일어나지 않는다. 나찰에 대해 전혀 모르는 사람의 바른지각에 의해 나찰이 감지되지 않았기 때문에."

정의에서 '이 논증식의 소파법에 딸린 주요 대상'이란 나찰을 가리킨다. 소파법은 '나찰에 대해 전혀 모르는 사람에게 나찰이 있음을 확정하는 올바른 두 번째 찰나의 식이 일어남'이다.

정의와 논증식을 보면 나찰이 존재한다는 것과 나찰이 바로 앞에 있더라도 보통 사람의 눈에 보이지 않을 수 있음을 전제로 하고 있다.

나찰을 지각하는 두 번째 식이 일어나기 위해서는 나찰을 지각하는 첫 번째 식이 선행해야 되는데 나찰에 대해 전혀 모르는 사람이 나찰을 바른지각에 의해 감지하지 못했으므로 당연히 두 번째 식이 일어날 리도 없다.

불현 부정 논거를 분류하면, 관계자를 부정하는가, 모순되는 대상을 논거로 제시하는가에 따라 불현 관계자 부정 논거와 불

현 대립 부정 논거 두 가지가 있다.

①-1. 불현 관계자 부정 논거

'유효 불현 부정 논거이자, 전체 부정 존재'가 유효 불현 관계자 부정 논거의 정의이다.

분류하면 유효 불현 원인 부정 논거와 유효 불현 편충자 부정 논거 두 가지가 있다.

①-1-1. 불현 원인 부정 논거

"앞의 이 장소에 유법, 나찰에 대해 전혀 모르는 사람에게 나찰이 있음을 확정하는 올바른 두 번째 찰나의 식이 일어나지 않는다. 나찰에 대해 전혀 모르는 사람의 바른지각에 의해 나찰이 감지되지 않았기 때문에."라고 논증하는 경우의 논거가 여기에 해당한다.

두 번째 찰나의 식의 원인인 바른지각을 부정함으로써 그 결과인 두 번째 찰나의 식을 부정하였으므로 원인 부정의 논거이다.

①-1-2. 불현 편충자 부정 논거

"앞의 이 장소에서 유법, 나찰에 대해 전혀 모르는 사람이 나찰이 있다고 주장함은 불합리하다. 나찰에 대해 전혀 모르는 사람의 바른지각에 의해 나찰이 감지되지 않았기 때문에."라고 논증하는 경우의 논거가 여기에 해당한다.

소파법(나찰에 대해 전혀 모르는 사람이 나찰이 있다고 주장함이 합리적임)의 편충자(나찰에 대해 전혀 모르는 사람의 바른지각에 의해 나찰이 감지되었음)를 부정함으로써 소파법을 부정하였으므로 편충자 부정의 논거이다.

①-2. 불현 대립 부정 논거

'유효 불현 부정 논거이자, 부분 부정 존재와 긍정 존재 둘 중의 하나인 것'이 유효 불현 대립 부정 논거의 정의이다.

논증식을 예로 들면 다음과 같다.

"앞의 이 장소에서 유법, 나찰에 대해 전혀 모르는 사람에게 나찰이 있음을 확정하는 올바른 두 번째 찰나의 식이 일어나지 않는다. 있기 때문에."

이 논증식의 소파법(나찰에 대해 전혀 모르는 사람에게 나찰이 있음을 확정하는 올바른 두 번째 찰나의 식이 일어남)과 논거인 '있음'이 서로 모순되기 때문에 모순되는 두 가지의 대립에 의한 부정 논거이다.

논거는 유법에 연결되는 것이므로 이 논증식의 논거가 말하는 것은 "앞의 이 장소에서 있다."라는 희한한 문장이 된다. 이것은 앞의 이 장소에 어떤 것이 있다는 말도 아니고 앞의 이 장소가 있다는 말도 아니다. 보통은 '무엇이'라는 주어가 없이 그저 '있다.'라고 말하면 의미 없는 말로 간주되지만 불교논리학에서는 대론 중에 상대가 무턱대고 그저 '있습니까?' 하고 물어보면 대답하는 사람은 그렇다고 대답하게 되어 있다. 일반상식으로는 선뜻 이해되지 않는 불교논리학만의 특수한 용법의 하나인 것이다.

② 가현 부정 논거

'물질이 항상하지 않음을 논증하는 유효 부정 논거이자, 그 논증식의 소파법에 딸린 주요 대상이 있다면 그 대상이 그 논증식의 알고자 하는 유법의 위에서 그 논증식의 종법이 성립한 자의 바른지각에 나타나야만 하는 것'이 '물질이 항상하지 않음을 논증하는 경우의 유효 가현 부정 논거'의 정의이다.

분류하면 역시 관계 대상을 부정하는가, 모순되는 대상을 논거로 제시하는가에 따라 유효 가현 관계자 부정 논거와 유효 가현 대립 부정 논거의 두 가지가 있다.

②-1. 가현 관계자 부정 논거 : '그 논증식의 유효 가현 부정 논거

이자, 전체 부정 존재'가 '그 논증식의 유효 가현 관계자 부정 논거'의 정의이다.

분류하면 다음의 네 가지가 있다.

②-1-1. **가현 편충자 부정 논거** : 예를 들면, "나무가 없는 돌산에 유법, 침향목이 없다. 나무가 없기 때문에."라고 논증하는 경우의 '나무가 없음'이 여기에 해당한다.

침향목을 편충하는 나무를 부정함으로써 침향목을 부정하였으므로 편충자 부정의 논거이다.

②-1-2. **가현 원인 부정 논거** : 예를 들면, "불이 없는 밤바다에 유법, 연기가 없다. 불이 없기 때문에."라고 논증하는 경우의 '불이 없음'이 여기에 해당한다.

연기의 원인인 불을 부정함으로써 불의 결과인 연기를 부정하였으므로 원인 부정의 논거이다.

②-1-3. **가현 자성 부정 논거** : 예를 들면 "항아리가 바른지각의 대상이 되지 않는 장소에 유법, 항아리가 없다. 항아리가 바른지각의 대상이 아니기 때문에."라고 논증하는 경우의 '항아리가 바른지각의 대상이 아님'이 여기에 해당한다.

'항아리가 있음'의 자성인 '항아리가 바른지각의 대상임'을 부정하였으므로 자성 부정의 논거이다.

②-1-4. **가현 직후 결과 부정 논거** : 예를 들면 "연기가 없는 언덕 위에 유법, 연기를 발생시키는 효력에 장애가 없는 연기의 직전 원인이 없다. 연기가 없기 때문에."라고 논증하는 경우의 '연기가 없음'이 여기에 해당한다.

'연기를 발생시키는 효력에 장애가 없는 연기의 직전 원인'의 직후 결과인 연기를 부정하였으므로 직후 결과 부정의 논거이다.

직전 원인이란 어떤 결과의 바로 전 찰나의 원인으로서 그것과 그것의 결과 사이에 다른 중개적 원인이 존재하지 않는 것을 말한다. 직후 결과도 마찬가지로 이해하면 된다.

항아리의 세 찰나를 놓고 볼 때 두 번째 찰나의 항아리는 첫 번째 찰나의 항아리의 직후 결과이고, 세 번째 찰나의 항아리는 첫 번째 찰나의 항아리의 직후 결과가 아니다.

②-2. **가현 대립 부정 논거**

'그 논증식의 유효 가현 부정 논거이자, 부분 부정 존재와 긍정

존재 둘 중의 하나인 것'이 '그 논증식의 유효 가현 대립 부정 논거'의 정의이다.

분류하면 '공존하지 못하는 관계에 의거한 유효 대립 부정 논거'와 '상호 배타적 모순에 의거한 유효 대립 부정 논거' 두 가지가 있다.

②-2-1. 공존하지 못하는 관계에 의거한 유효 대립 부정 논거

'그 논증식의 유효 대립 부정 논거이자, 그 논증식의 소파법에 딸린 주요 대상과 별개의 실체인 것'이 '그 논증식의 공존하지 못하는 관계에 의거한 유효 대립 부정 논거'의 정의이다.

분류하면 색법인 것, 심식(心識)인 것, 생명체인 것 등의 세 가지가 있다.

②-2-1-1. '공존하지 못하는 관계에 의거한 유효 대립 부정 논거이자 색법인 것'에는 다음의 여섯 가지가 있다.

②-2-1-1-1. 원인과 모순되는 것에 의거한 것 : 예를 들면 "동쪽의 불 유법, 추위의 결과인 곤두선 털과 저해 없이 공존하지 못한다. 불이기 때문에."라고 논증하는 경우의 불이 여기에 해당한다.

곤두선 털의 원인인 추위와 모순되는 불을 논거로 제시하였다.

②-2-1-1-2. **편충자와 모순되는 것에 의거한 것** : 예를 들면 "동쪽의
불 유법, 어느 느낌과 저해 없이 공존하지 못한다. 불이기 때문
에."라고 논증하는 경우의 불이 여기에 해당한다.

어느 느낌을 편충하는 추운 느낌과 모순되는 불을 논거로 제
시하였다.

②-2-1-1-3. **자성과 모순되는 것에 의거한 것** : 예를 들면 "동쪽의
불 유법, 추위와 저해 없이 공존하지 못한다. 불이기 때문에."라
고 논증하는 경우의 불이 여기에 해당한다.

추위의 자성과 모순되는 불을 논거로 제시하였다.

②-2-1-1-4. **모순되는 것의 결과에 의거한 것** : 예를 들면 "동쪽의
거센 연기 유법, 추위와 저해 없이 공존하지 못한다. 거센 연기이
기 때문에."라고 논증하는 경우의 거센 연기 따위가 여기에 해당
한다.

추위와 모순되는 불의 결과인 거센 연기를 논거로 제시하
였다.

②-2-1-1-5. **결과와 모순되는 것에 의거한 것** : 예를 들면 "동쪽의 불 유법, 추위를 발생시키는 데 장애가 없는 추위의 직전 원인과 저해 없이 공존하지 못한다. 불이기 때문에."라고 논증하는 경우의 불이 여기에 해당한다.

추위의 직전 원인의 결과인 추위와 모순되는 불을 논거로 제시하였다.

②-2-1-1-6. **원인과 모순되는 것의 결과에 의거한 것** : 예를 들면 "동쪽의 거센 연기 유법, 추위의 결과인 곤두선 털과 저해 없이 공존하지 못한다. 거센 연기이기 때문에."라고 논증하는 경우의 거센 연기가 여기에 해당한다.

곤두선 털의 원인인 추위와 모순되는 불의 결과인 거센 연기를 논거로 제시하였다.

②-2-1-2. **공존하지 못하는 관계에 의거한 유효 대립 부정 논거이자 심식인 것**

"아집의 대치법인 무아의 지견 유법, 아집과 저해 없이 공존하지 못한다. 아집의 대치법이기 때문에."라고 논증하는 경우의 아집의 대치법이 여기에 해당한다.

②-2-1-3. 공존하지 못하는 관계에 의거한 유효 대립 부정 논거이자 생명체인 것

"동쪽의 생쥐 유법, 뱀과 저해 없이 공존하지 못한다. 생쥐이기 때문에."라고 논증하는 경우의 생쥐가 여기에 해당한다.

②-2-2. 상호 배타적 모순에 의거한 유효 대립 부정 논거

'그 논증식의 유효 대립 부정 논거이자, 그 논증식의 소파법에 딸린 주요 대상과 별개의 실체가 아닌 것'이 '그 논증식의 상호 배타적 모순에 의거한 유효 대립 부정 논거'의 정의이다.

논증식의 예는 다음과 같다.

"새싹 유법, 재차 발생함에 의미가 없다. 있기 때문에."

2) 소립법에 따른 분류 : 부정 존재 논증 논거, 긍정 존재 논증 논거

'그 논증식의 삼상이자, 그 논증식의 명시 소립법이면 부정 존재여야 하는 것'이 '그 논증식의 유효 부정 존재 논증 논거'의 정의이다.

'그 논증식의 삼상이자, 그 논증식의 명시 소립법이면 긍정 존재여야 하는 것'이 '그 논증식의 유효 긍정 존재 논증 논거'의 정의이다.

이것은 명시 소립법이 긍정 존재냐 부정 존재냐에 따른 분류이다.

예를 들면, "번뇌 유법, 제거 대상이다. 해탈을 이루는 데 장애가 되는 것이기 때문에."라고 논증하는 경우의 '해탈을 이루는 데 장애가 되는 것'은 이 논증식의 명시 소립법인 제거 대상이 부정 존재이기 때문에 이 논증식의 부정 존재 논증 논거이며, "항아리는 유위법이다. 물질이기 때문에."라고 논증하는 경우의 물질은 이 논증식의 명시 소립법인 유위법이 긍정 존재이기 때문에 이 논증식의 긍정 존재 논증 논거가 된다.

명시 소립법이라고 한 이유는, 예를 들어 "항아리는 유위법이다. 물질이기 때문에."라고 논증하는 경우 '유위법이 아닌 것이 아닌 것' 따위도 이 논증식의 소립법인데 부정 존재이기 때문에 만약 정의에서 '그 논증식의 소립법이면 긍정 존재여야 하는 것'이라고 말했다면 이 논거가 긍정 존재 논증 논거의 정의를 충족하지 못하게 되기 때문이다.

3) 논증 방식에 따른 분류 : 명칭 논증 논거, 의미 논증 논거

'그 논증식의 삼상이자, 그 논증식의 명시 소립법이면 정의되는 것이어야 하는 것'이 '그 논증식의 명칭 논증 논거'의 정의이다.

'그 논증식의 삼상이자, 그 논증식의 명시 소립법이면 정의여야 하는 것'이 '그 논증식의 의미 논증 논거'의 정의이다.

예를 들면, "마음 유법, 무상한 존재다. 유위법이기 때문에."라고 논증하는 경우의 유위법은 마음이 무상한 존재임을 논증하는 경우의 명칭 논증 논거이고, "마음 유법, 찰나적 존재이다. 유위법이기 때문에."라고 논증하는 경우의 유위법은 마음이 찰나적 존재임을 논증하는 경우의 의미 논증 논거이다.

4) 소립에 따른 분류 : 믿음 논거, 상식 논거, 사세 논거

(1) 믿음 논거

'세 가지 고찰에서 무결한 말씀이라는 논거로써 보시의 과보는 부유함, 지계의 과보는 안락이라는 경전의 말씀이 설하는 내용에 거짓이 없음을 논증하는 경우의 삼상이자, 그 논증식의 명시 소립이면 극은폐분(極隱蔽分)이어야 하는 것'이 '세 가지 고찰에서 무결한 말씀이라는 논거로써 그와 같이 논증하는 경우의 유효 믿음 논거'의 정의이다.

논증식은 다음과 같다.

"보시의 과보는 부유함, 지계의 과보는 안락이라는 경전의 말씀 유법, 설하는 내용에 거짓이 없다. 세 가지 고찰에서 무결한

말씀이기 때문에."

세 가지 고찰에서 무결한 말씀이란 현전분을 설함에 현량과 위배됨이 없고, 약은폐분(弱隱蔽分)을 설함에 비량과 위배됨이 없고, 극은폐분을 설함에 앞뒤의 말에 모순이 없는 말씀을 뜻한다.

현전분이란 범부들의 현량에 나타나는 대상을 말한다.

약은폐분이란 범부들의 현량에 나타나지 않고, 최초로 지각할 때 사세 논거의 추론을 통해서 지각되는 대상이다.

극은폐분이란 최초로 지각할 때 오직 세 가지 고찰에서 무결한 말씀에 의지해서만 지각되는 대상이다.

이 논증식의 명시 소립은 '보시의 과보는 부유함, 지계의 과보는 안락이라는 경전의 말씀은 설하는 내용에 거짓이 없음'이다. 이것은 극은폐분에 해당한다.

(2) 상식 논거

'분별의 대상이라는 논거로써 토끼가 있는 곳을 달의 이름으로 부를 수 있음을 논증하는 경우의 삼상이자, 그 논증식의 명시 소립이면 널리 퍼진 언어 용법이어야 하는 것'이 '분별의 대상이라는 논거로써 그와 같이 논증하는 경우의 유효 상식 논거'의 정의이다.

논증식은 다음과 같다.

"토끼가 있는 곳 유법, 달의 이름으로 부를 수 있다. 분별의 대상이기 때문에."

(3) 사세(事勢) 논거

'유위법이라는 논거로써 마음이 무상한 존재임을 논증하는 경우의 삼상이자, 그와 같이 논증하는 경우의 명시 소립이면 약은 폐분이어야 하는 것'이 '유위법이라는 논거로써 그와 같이 논증하는 경우의 유효 사세 논거'의 정의이다.

논증식은 다음과 같다.

"마음 유법, 무상한 존재이다. 유위법이기 때문에."

5) 동품과의 관계에 따른 분류 : 동품을 편충하는 논거, 동품을 편충하지 않는 논거

(1) 동품을 편충하는 논거

'C의 논거로써 A가 B임을 논증하는 경우의 삼상이자, 그 논증식의 진술 방식이 "~이다."의 형식을 취하고, B이면 C여야 하는 것'이 'C의 논거로써 A가 B임을 논증하는 경우의 동품을 편충하는 유효 논거'의 정의이다.

논증식의 예는 다음과 같다.

"항아리 유법, 무상한 존재이다. 유위법이기 때문에."

논거인 유위법이 동품인 무상한 존재를 편충한다.

(2) 동품을 편충하지 않는 논거

'C의 논거로써 A가 B임을 논증하는 경우의 삼상이자, 그 논증식의 진술 방식이 "~이다."의 형식을 취하고, B이면 C여야 할 필요도 없고 C가 아니어야 할 필요도 없는 것'이 'C의 논거로써 A가 B임을 논증하는 경우의 동품을 편충하지 않는 유효 논거'의 정의이다.

논증식의 예는 다음과 같다.

"항아리 유법, 무상한 존재이다. 색법이기 때문에."

논거인 색법이 동품인 무상한 존재보다 작기 때문에 무상한 존재를 편충하지 않는다.

6) 대론자에 따른 분류 : 자신을 위한 논거, 타인을 위한 논거

(1) 자신을 위한 논거

'그 논증식의 유효 논거이자, 그 논증식의 논증 상대가 없는 것'이 '그 논증식의 자신을 위한 유효 논거'의 정의이다.

예를 들면 '마음이 무상함을 자신을 위해 논증하는 경우에 논거로 제시한 유위법' 따위이다.

(2) 타인을 위한 논거

'그 논증식의 유효 논거이자, 그 논증식의 논증 상대가 있는 것'이 '그 논증식의 타인을 위한 유효 논거'의 정의이다.

예를 들면 '마음이 무상함을 논증 상대에게 논증하는 경우에 논거로 제시한 유위법' 따위이다.

3. 무효 논거

무효 논거에는 상위 논거, 불확정 논거, 불성립 논거 등의 세 가지가 있다.

1. 상위(相違) 논거

'그 논증식의 종법이 성립한 자에게 그 논증식의 편충이 전도된 것으로 확정되는 것'이 '그 논증식의 상위 논거'의 정의이다.

편충이 전도된 것이란 'A 유법, B이다. C이기 때문에.'라고 논증하는 경우에 C이면 B가 아니어야 하는 경우를 말한다.

논증식의 예는 다음과 같다.

"마음 유법, 항상하다. 유위법이기 때문에."

이 경우 마음이 유위법이라는 것은 성립하지만 유위법이면 항상하지 않아야 하기 때문에 유위법은 마음이 항상함을 논증하는 상위 논거이다.

"황금박쥐 유법, 박쥐다. 황금이기 때문에."라고 논증하는 경우는 황금이면 박쥐가 아니어야 하므로 편충은 전도된 것으로 확정된다. 그러나 황금박쥐는 황금이 아니므로 종법이 성립하지 않기 때문에 황금은 황금박쥐가 박쥐임을 논증하는 상위 논거가 아니다.

2. 불확정 논거

'그 논증식의 종법이자, 그 논증식의 편충이 올바로 확정되지도 전도되게 확정되지도 않는 것'이 '그 논증식의 불확정 논거'의 정의이다.

분류하면 공통 불확정 논거와 비공통 불확정 논거 두 가지가 있다.

공통의 의미에 대해서는 두 가지의 정의를 모두 살펴보고 나서 설명하도록 하겠다.

1) 비공통 불확정 논거

'그 논증식의 불확정 논거이자, 그 논증식의 종법이 성립된 자에게 그것이 그 논증식의 동품과 이품 중 어느 것에 있음이 확정되지 않는 것'이 '그 논증식의 비공통 불확정 논거'의 정의이다.

논증식의 예는 다음과 같다.

"소리 유법, 무상하다. 들리는 것이기 때문에."

이것은 언뜻 보면 유효 논거처럼 보이는데 이것이 왜 불확정 논거가 되는지는 정의되는 대상과 정의의 관계에 대한 이론을 먼저 이해해야만 한다.

'들리는 것'은 소리의 정의이다. 그러므로 소리가 들리는 것임을 바른지각으로 이해할 때 소리와 들리는 것의 관계를 이해하게 되고, 그 이해가 남아 있는 한 들리는 것이 무엇인가에 있다는 것을 이해하면 자동으로 소리 역시 그것에 있음을 이해한다는 것이다. 그러므로 이 논증식의 경우 종법이 성립된 자가 만약 들리는 것이 무상함에 있다고 이해한다면 그 순간 소리 역시 무상함에 있다고 이해하게 되므로 소리는 무상하다는 소립을 지각하게 된다. 그런데 유효 논거이기 위해서는 종법과 편충이 모두 성립해야 하고, 종법이 성립하기 위해서는 그 논증식의 논증 상대가 아직 소립을 지각하지 못한 자여야 하므로 이 논증식의 논거는 종법과 편충이 동시에 성립할 기회가 결코 존재할 수 없다.

문제는 이 논거는 종법이 성립하면 편충이 성립하지 않게 되고, 편충이 성립하면 종법이 성립하지 않게 되는데 왜 하필 전자만을 취해서 종법이 성립하고 편충이 성립하지 않는 논거라고 말하는가에 있다.

바로 여기서 종법과 편충의 성립순서가 반드시 종법부터 성립하고 그 다음에 편충이 성립하는 것이어야 한다는 주장이 나온다. 만약 종법과 편충 어느 것이 먼저 성립하건 상관이 없다면 위와 같은 종류의 논거들은 편충이 성립하고 종법이 성립하지 않는 논거가 아니라 왜 꼭 종법이 성립하고 편충이 성립하지 않는 논거여야 하는지 그 이유를 찾을 수 없어 보이기 때문이다.

비공통 불확정 논거의 또 다른 종류의 사례는 유위법이 무엇인지 모르는 사람에게 "항아리 유법, 유위법이다. 물질이기 때문에."라고 논증하는 경우의 물질 따위이다.

유위법이 무엇인지 모르기 때문에 물질이 유위법에 있는지 유위법 아닌 것에 있는지 확정할 수가 없다.

2) 공통 불확정 논거

'그 논증식의 불확정 논거이자, 그 논증식의 종법이 성립된 자에게 그것이 그 논증식의 동품과 이품 중 어느 것에 있음이 확정되는 것'이 '그 논증식의 공통 불확정 논거'의 정의이다.

이제 공통의 의미에 대해 설명할 수 있게 되었다.

비공통 불확정 논거와 공통 불확정 논거의 정의에서 다른 점은 '그 논증식의 종법이 성립된 자에게 논거가 그 논증식의 동품과 이품 중 어느 것에 있음이 확정되는가 확정되지 않는가'에 있다. 확정되는 것이 공통이고 확정되지 않는 것이 비공통이다.

무엇과 무엇에서 공통인가 하면, 하나는 유법이고, 다른 하나는 '동품과 이품 중 어느 것'이다. 즉, 논거가 유법에 있는 것으로도 확정되고 '동품과 이품 중 어느 것'에 있는 것으로도 확정되는 불확정 논거가 공통 불확정 논거이고, 유법에 있는 것으로 확정되고 '동품과 이품 중 어느 것'에 있는 것으로 확정되지 않는 불확정 논거는 비공통 불확정 논거인 것이다.

단순히 이름으로 짐작하면 공통적으로 불확정되는가, 비공통으로 불확정되는가의 차이일 것이라 생각하기 쉬우므로 주의를 요한다.

공통 불확정 논거에는 참불확정 논거와 유여 불확정 논거 두 가지가 있다.

(1) 참불확정 논거

'그 논증식의 공통 불확정 논거이자, 그 논증식의 종법이 성립된 자에게 그것이 그 논증식의 동품과 이품 양쪽에 있는 것으로 확정되는 것'이 '그 논증식의 참불확정 논거'의 정의이다.

참불확정 논거라는 명칭을 보면 이것만 실제로 불확정 논거이고 다른 종류는 실제로 불확정 논거가 아니라는 인상을 받을 수도 있지만 그렇지는 않다. 참나무만 나무인 것이 아니라 참나무 아닌 나무도 나무인 것과 마찬가지이다.

그렇다면 왜 참이라는 이름이 붙었는가 하면, 이 논거가 다른 무효 논거들이나 유효 논거와 혼동될 여지 없이 불확정 논거의 의미를 설명하는 데 가장 명확하고 간편한 사례가 되기 때문이 아닌가 추측된다.

참불확정 논거를 분류하면 다음의 네 가지가 있다.

① **동품과 이품 모두를 편충하는 참불확정 논거** : 예를 들면 "항아리 유법, 물질이다. 무아이기 때문에."라고 논증하는 경우의 무아가 여기에 해당한다.

무아는 물질도 편충하고 물질 아닌 것도 편충한다. 즉, 물질이면 무아여야 하고, 물질 아니어도 역시 무아여야 한다.

② **동품 일부에 있고 이품에도 일부에만 있는 참불확정 논거** : 예를 들면 "이등병 철이 유법, 남자이다. 군인이기 때문에."라고 논증하는 경우의 군인이 여기에 해당한다.

군인은 남자 일부에 있고, 남자 아닌 것 일부에도 있다.

③ **동품에는 일부에 있고 이품은 편충하는 참불확정 논거** : 예를 들면 "소리 유법, 노력에 의해 생긴 것이 아니다. 무상한 존재이기 때문에."라고 논증하는 경우의 무상한 존재가 여기에 해당한다.

무상한 존재는 동품인 '노력에 의해 생긴 것이 아닌 것' 일부에 있고, 이품인 '노력에 의해 생긴 것'은 편충한다.

전자를 설명하자면, 동품에 속하는 번개, 산, 강 등은 무상한 존재고, 동품에 속하는 무위허공이나 비존재 등은 무상한 존재가 아니다.

④ **동품은 편충하고 이품에는 일부에 있는 참불확정 논거** : 예를 들면 "고래 유법, 포유류다. 동물이기 때문에."라고 논증하는 경우의 동물이 여기에 해당한다.

동물은 포유류를 편충하고, 포유류 아닌 것에는 일부에 있다.

후자를 설명하자면, 포유류가 아닌 양서류나 파충류 등은 동물이지만 포유류가 아닌 나무나 돌 등은 동물이 아니다.

(2) 유여(有餘) 불확정 논거

'그 논증식의 공통 불확정 논거이자, 그 논증식의 종법이 성

립된 자에게 그것이 그 논증식의 동품과 이품 양쪽에 있는 것으로 확정되지 않는 것'이 '그 논증식의 유여 불확정 논거'의 정의이다.

분류하면 유효 유여 불확정 논거와 상위 유여 불확정 논거 두 가지가 있다.

① 유효 유여 불확정 논거

'그 논증식의 유여 불확정 논거이자, 그 논증식의 종법이 성립된 자에게 그것이 그 논증식의 동품에 있는 것으로 확정되는 것'이 '그 논증식의 유효 유여 불확정 논거'의 정의이다.

예를 들면 번뇌를 끊은 자의 상태에 대해 이해하지 못하는 논증 상대에게 "말하고 있는 저 사람 유법, 번뇌를 끊은 자가 아니다. 말을 하기 때문에."라고 논증하는 경우의 말을 함 따위가 '말하고 있는 저 사람이 번뇌를 끊은 자가 아님을 논증하는 유효 유여 불확정 논거'이다.

이 경우 논증 상대 본인이 번뇌를 끊지 못했지만 말을 하므로 '말을 함'이 번뇌가 끊은 자가 아닌 것에 있음은 확정하기 때문에 논거가 동품에 있음이 확정되고, 종법도 성립돼 있으므로, 논거가 이품에 없다는 것만 확정되면 유효 논거가 된다. 그러나 이품 즉 번뇌를 끊은 자에게 '말을 함'이 없다는 것이 확정되지 않

으므로 한 가지 확정되지 않는 것이 남아서 유효 논거가 되지 못한다는 뜻으로 유효 유여 불확정 논거라 한다.

만약 '번뇌를 끊은 자의 상태에 대해 이해하지 못하는 논증 상대에게'라는 조건이 없다면 이 논거는 '말하고 있는 저 사람이 번뇌를 끊은 자가 아님을 논증하는 경우의 참불확정 논거'가 된다. 왜냐하면 그 논증식의 불확정 논거이자, 논거인 '말을 함'이 동품과 이품 양쪽, 즉 번뇌를 끊은 자와 번뇌를 끊은 자가 아닌 것 모두에 있음이 확정되기 때문이다.

그렇다면 참불확정 논거의 분류 중 어디에 속하는가 하면 두 번째인 '동품 일부에 있고 이품에도 일부에만 있는 참불확정 논거'이다.

번뇌를 끊은 자가 아닌 것 중에도 말을 하고 하지 않는 두 가지가 모두 있고, 번뇌를 끊은 자 중에도 말을 하고 하지 않는 두 가지가 모두 있기 때문이다.

② 상위 유여 불확정 논거

'그 논증식의 유여 불확정 논거이자, 그 논증식의 종법이 성립된 자에게 그것이 그 논증식의 이품에 있는 것으로 확정되는 것'이 '그 논증식의 상위 유여 불확정 논거'의 정의이다.

예를 들면 번뇌를 끊은 자의 상태에 대해 이해하지 못하는 논증 상대에게 "말하고 있는 저 사람 유법, 번뇌를 끊은 자이다. 말을 하기 때문에."라고 논증하는 경우의 말을 함 따위가 '말하고 있는 저 사람이 번뇌를 끊은 자임을 논증하는 상위 유여 불확정 논거'에 해당한다.

이 경우 논증 상대가 '말을 함'이 이 논증식의 이품(번뇌를 끊은 자가 아닌 것)에 있음을 확정하고, 종법도 성립돼 있으므로 논거가 동품(번뇌를 끊은 자)에 없다는 것만 확정하면 상위 논거가 되지만 확정되지 않고 남기 때문에 상위 유여 불확정 논거라 한다.

만약 '번뇌를 끊은 자의 상태에 대해 이해하지 못하는 논증 상대에게'라는 조건이 없다면 이 논거가 '동품 일부에 있고 이품에도 일부에만 있는 참불확정 논거'가 된다는 것은 앞의 경우와 같다.

3. 불성립 논거

'그 논증식의 논거이자, 그 논증식의 종법이 아닌 것'이 '그 논증식의 불성립 논거'의 정의이다.

분류하면 의미에 의한 불성립 논거, 인식에 의한 불성립 논거, 대론자에 의한 불성립 논거 등의 세 가지가 있다.

1) 의미에 의한 불성립 논거

① **논거의 자성이 없는 불성립 논거** : 예를 들면 "우주 유법, 완전하다. 완전한 창조주가 만들었기 때문에."라고 논증하는 경우의 '완전한 창조주가 만들었음'이 여기에 해당한다.

논거로 제시한 '완전한 창조주가 만들었음'은 존재하지 않기 때문에 종법이 성립하지 않는다.

② **유법의 자성이 없는 불성립 논거** : 예를 들면 "창조주 유법, 존재한다. 우주가 생긴 원인이기 때문에."라고 논증하는 경우의 '우주가 생긴 원인'이 여기에 해당한다.

유법으로 제시한 창조주가 존재하지 않기 때문에 종법이 성립하지 않는다.

③ **논거와 소립법이 같은 불성립 논거** : 예를 들면 "육체 유법, 무상하다. 무상하기 때문에."라고 논증하는 경우의 무상함이 여기에 해당한다.

논거와 소립법이 같기 때문에 'A가 C임을 이해한 후 A가 B인지 아닌지 알아보고자 하는 자'가 있을 수 없으므로 종법이 성립하지 않는다.

④ 유법과 논거가 같은 불성립 논거 : 예를 들면 "마음 유법, 무상하다. 마음이기 때문에."라고 논증하는 경우의 마음이 여기에 해당한다.

⑤ 유법과 소립법이 같은 불성립 논거 : 예를 들면 "항아리 유법, 항아리이다. 물질이기 때문에."라고 논증하는 경우의 물질이 여기에 해당한다.

⑥ 논거가 유법의 위에서 논증식의 진술 방식에 따라 있지 않은 불성립 논거 : 예를 들면 "소리 유법, 무상하다. 눈에 보이는 것이기 때문에."라고 논증하는 경우의 '눈에 보이는 것'이 여기에 해당한다.
　소리는 눈에 보이는 것이 아니기 때문에 종법이 성립하지 않는다.

⑦ 유법의 일부가 논거에 없는 불성립 논거 : 예를 들면 "나무 유법, 유정이다. 밤에 잎을 움츠리고 자기 때문에."라고 논증하는 경우의 '밤에 잎을 움츠리고 잠'이 여기에 해당한다.
　모든 나무가 밤에 잎을 움츠리고 자는 것이 아니기 때문에 종법이 성립하지 않는다.

2) 인식에 의한 불성립 논거

① **논거를 의심해서 성립하지 않는 불성립 논거** : 예를 들면 전생을 믿지 않는 논증 상대에게 "철이 유법, 그림을 배우면 아주 잘 그릴 것이다. 전생에 화가였기 때문에."라고 논증하는 경우의 전생에 화가였음이 여기에 해당한다.

논증 상대가 철이는 전생에 화가였음을 확정할 수 없기 때문에 종법이 성립하지 않는다.

② **유법을 의심해서 성립하지 않는 불성립 논거** : 예를 들면 무색계를 믿지 않는 논증 상대에게 "무색계 유법, 무상하다. 유위법이기 때문에."라고 논증하는 경우의 유위법이 여기에 해당한다.

논증 상대가 무색계를 믿지 않기 때문에 당연히 무색계가 유위법임을 확정할 수 없으므로 종법이 성립하지 않는다.

③ **유법과 논거를 의심해서 성립하지 않는 불성립 논거** : 예를 들면 사리불과 번뇌를 끊는 것을 믿지 않는 논증 상대에게 "사리불 유법, 아라한이다. 번뇌를 끊었기 때문에."라고 논증하는 경우의 번뇌를 끊었음이 여기에 해당한다.

④ 종법에 임한 자의 조건이 충족되지 않는 불성립 논거 : 예를 들면 법칭 논사를 상대로 "마음 유법, 무상하다. 유위법이기 때문에." 라고 논증하는 경우의 유위법이 여기에 해당한다.

법칭 논사는 이 논증식의 소립을 이미 지각하고 있으므로 '마음이 유위법임을 이해한 후 마음이 무상한지 아닌지 알아보고자 하는 자'라는 종법에 임한 자의 조건에 부합하지 않는다.

3) 대론자에 의한 불성립 논거

① **논증자에 의한 불성립 논거** : 논증하는 자 자신이 인정하지 않는 것을 유법이나 논거로 제시했을 때 논증자에 의한 불성립 논거가 된다.

② **논증 상대에 의한 불성립 논거** : 논증 상대가 인정하지 않는 것을 유법이나 논거로 제시했을 때 논증 상대에 의한 불성립 논거가 된다.

③ **대론 양자에 의한 불성립 논거** : 논증자와 논증 상대 양자가 모두 인정하지 않는 것을 유법이나 논거로 제시했을 때 대론 양자에 의한 불성립 논거가 된다.

연습 문제

1. 자성 논거와 부정 논거

질문 – "열반 유법, 무위법이다. 번뇌장을 제거한 택멸이기 때문에."라고 논증하는 경우의 번뇌장을 제거한 택멸 유법, 이 논증식의 유효 자성 논거입니까, 유효 부정 논거입니까?

대답 – 유효 부정 논거입니다.

질문 – 유효 자성 논거 아닙니까?

대답 – 그렇습니다.(유효 자성 논거가 아니다.)

질문 – 유효 자성 논거입니다. 유효 자성 논거의 정의에 부합하기 때문에.

대답 – 논거 오류.(유효 자성 논거의 정의에 부합하지 않는다.)

질문 – 부합합니다. '번뇌장을 제거한 택멸이라는 논거로써 열반이 무위법임을 논증하는 경우의 명시 소립법은 모두

번뇌장을 제거한 택멸과 동자성이고, 번뇌장을 제거한
택멸이라는 논거로써 열반이 무위법임을 논증하는 경우
의 삼상인 것.'이기 때문에.

대답– 승인.

질문– "열반 유법, 무위법이다. 번뇌장을 제거한 택멸이기 때문
에."라고 논증하는 경우의 번뇌장을 제거한 택멸 유법,
이 논증식의 유효 자성 논거가 아닙니다. 이 논증식의 유
효 부정 논거이기 때문에.(티베트 불교에 의하면 한 논증식
의 유효 자성 논거와 유효 부정 논거는 서로 모순이다. 즉, 어
느 한쪽이면 다른 한쪽이 아니어야 한다.)

대답– 논거 오류.(유효 부정 논거가 아니다.)

질문– 유효 부정 논거입니다. 유효 부정 논거의 정의에 부합하
기 때문에.

대답– 논거 오류.(유효 부정 논거의 정의에 부합하지 않는다.)

질문– 부합합니다. '그 논증식의 유효 논거이자, 그 논증식의
명시 소립법 중에 부정 존재가 있는 것'이기 때문에.

이하 생략.

※ 위에서 보듯이 한 논증식의 유효 자성 논거와 유효 부정 논

거 두 가지 모두의 정의에 부합하는 논증식은 얼마든지 만들 수가 있다. 한 논증식의 유효 자성 논거와 유효 부정 논거가 서로 모순이라고 주장하려거든 그 두 가지의 정의가 서로 모순이 되도록 규정해야 하는데 그렇지 못했기 때문에 발생한 오류이다. 뺀첸이 규정한 정의에 실수가 있다고 생각된다.

2. 상호 배타적 모순에 의거한
유효 대립 부정 논거

질문– "동쪽의 항아리 유법, 기둥이 아니다. 항아리이기 때문
　　에."라고 논증하는 경우의 항아리 유법, 세 가지 유효 논
　　거 중의 어느 것에 속합니까?

대답– 유효 부정 논거입니다.

질문– 두 가지 유효 부정 논거 중에 어느 것에 속합니까?

대답– 유효 가현 부정 논거입니다.

질문– 유효 가현 관계자 부정 논거입니까, 유효 가현 대립 부정
　　논거입니까?

대답– 유효 가현 대립 부정 논거입니다.

질문– 공존하지 못하는 관계에 의거한 유효 대립 부정 논거입
　　니까, 상호 배타적 모순에 의거한 유효 대립 부정 논거입

니까?

대답 – 상호 배타적 모순에 의거한 유효 대립 부정 논거입니다.

질문 – "동쪽의 항아리 유법, 기둥이 아니다. 항아리이기 때문에."라고 논증하는 경우의 항아리 유법, '동쪽의 항아리가 기둥이 아님을 논증하는 유효 대립 부정 논거이자, 그 논증식의 소파법에 딸린 주요 대상과 별개의 실체가 아닌 것'입니까? (밑줄 부분은 동쪽의 항아리가 기둥이 아님을 논증하는 상호 배타적 모순에 의거한 유효 대립 부정 논거의 정의이다.)

대답 – 그렇습니다.

질문 – 항아리 유법, 기둥과 별개의 실체가 아닙니까?

대답 – 별개의 실체입니다.

질문 – 그렇다면 "동쪽의 항아리 유법, 기둥이 아니다. 항아리이기 때문에."라고 논증하는 경우의 항아리 유법, 동쪽의 항아리가 기둥이 아님을 논증하는 상호 배타적 모순에 의거한 유효 대립 부정 논거가 아닙니다. 그 정의에 어긋나기 때문에.

이하 생략.

※ 사실, "동쪽의 항아리 유법, 기둥이 아니다. 항아리이기 때문에."라고 논증하는 경우의 항아리는 이 논증식의 상호 배타적 모순에 의거한 유효 대립 부정 논거이다. 뺀첸이 규정한 정의에 문제가 있다고 생각된다.

3. 유효 가현 직후 결과 부정 논거

질문 – 유효 가현 직후 결과 부정 논거의 사례를 제시하시오.

대답 – "연기가 없는 언덕 위에 유법, 연기를 발생시키는 효력에 장애가 없는 연기의 직전 원인이 없다. 연기가 없기 때문에."라고 논증하는 경우의 '연기가 없음' 유법.

질문 – 그 유법, 그 논증식의 편충이 성립합니까?

대답 – 그렇습니다.

질문 – 연기가 없으면 연기를 발생시키는 효력에 장애가 없는 연기의 직전 원인이 없어야 합니까?

대답 – 그렇습니다.

질문 – 연기를 발생시키는 효력에 장애가 없는 연기의 직전 원인이 있으면 연기가 있어야 합니까?

대답 – 그렇습니다.("A가 없으면 B가 없어야 한다."와 "B가 있으면

A가 있어야 한다."는 같은 말이다. 만약 여기서 그렇다고 대답하지 않을 경우 B가 있는데 A가 없는 경우를 제시하라고 한 후 X를 제시하면, "X에 B가 없다. A가 없기 때문에."라고 논파하면 된다.)

질문– "연기를 발생시키는 효력에 장애가 없는 연기의 직전 원인이 있는 동쪽 언덕 위에 유법, 연기가 있다. 연기를 발생시키는 효력에 장애가 없는 연기의 직전 원인이 있기 때문에."라고 논증하는 경우의 논거 유법, 이 논증식의 유효 논거입니까?

※ 불교논리학에서는 유효 논거이면 결과 논거, 자성 논거, 부정 논거, 이 세 가지 중의 하나여야 한다고 주장하며, 원인을 논거로 제시한 유효 논거는 인정하지 않는다. 소립법의 원인을 논거로 제시할 경우 세 가지 유효 논거 중 어느 것의 정의에도 부합할 수 없다.

"원인이 구비된 것으로부터 결과가 발생하는 것을 추론할 수 있으므로 원인 논거를 인정해야 한다."라는 외도의 논리학자의 주장에 대해 『석량론』1장에서는 다음과 같이 논박한다.

원인이 갖추어짐으로부터 결과가 발생하는 것을

추론하는 모든 것은

다른 본질에 의거한 것이 아니므로

그것은 자성이라고 말한다.

갖추어진 것의 결과인 효력들은

변화와 관련되어 결과를

결코 확정할 수 없다.

방해가 있을 수 있기 때문이다.

　인용한 첫 번째 게송은 만약 원인으로부터 결과를 추론할 때 '결과가 발생할 수 있음'을 소립법으로 놓는다면 논거와 소립법이 인과관계가 아닌 동자성의 관계가 되므로 자성 논거에 들어간다는 말이다. 구체적인 논증식을 예로 들면 다음과 같다.

　"보리 씨, 땅, 물, 거름, 온도, 습기 등의 조건이 갖추어진 양의 해의 봄의 논 유법, 그로부터 자신의 결과인 보리 싹을 발생시킬 수 있다. 보리 씨, 땅, 물, 거름, 온도, 습기 등의 조건이 갖추어진 논이기 때문에."

　이 논증식에서 논거로 제시한 논은 보리 싹의 원인이지만 보리싹을 발생시킬 수 있음의 원인은 아니다. 보리 싹을 발생시킬 수 있음은 현재 논의 상태인 것이다. 그러므로 이것은 원인 논거가 아니라 자성 논거가 된다.

인용한 두 번째 게송은 만약 원인으로부터 결과를 추론할 때 '결과의 발생'을 소립법으로 놓는다면 원인이 결과를 발생시키는 과정에서 중간에 방해가 있을 수 있기 때문에 결과가 확실히 발생한다는 것을 결코 확정할 수 없다는 말이다. 논증식은 다음과 같다.

"보리 씨, 땅, 물, 거름, 온도, 습기 등의 조건이 갖추어진 양의 해의 봄의 논 유법, 그로부터 자신의 결과인 보리 싹을 발생시킨다. 보리 씨, 땅, 물, 거름, 온도, 습기 등의 조건이 갖추어진 논이기 때문에."

이 논증식의 논거는 원인 논거이기는 하지만 편충이 성립하지 않기 때문에 유효 논거가 되지는 못한다.

대답– 아닙니다.

질문– 종법, 순편충, 역편충 중에서 어느 것이 아닙니까?

대답– 종법이 아닙니다. (연기를 발생시키는 효력에 장애가 없는 연기의 직전 원인이 있으면 연기가 있어야 함을 앞에서 인정하였으므로 편충이 아니라고는 말하지 못한다.)

질문– 종법이 아닌 이유는?

대답– 그 논증식의 종법에 임한 자가 '연기를 발생시키는 효력

에 장애가 없는 연기의 직전 원인이 있는 동쪽 언덕 위에'라는 유법을 지각할 수 없기 때문입니다.

질문 – "한밤의 불난 언덕에 유법, 연기가 있다. 불이 있기 때문에."라고 논증하는 경우의 불 유법, 이 논증식의 종법이 아닙니까?

대답 – 종법입니다.

질문 – "한밤의 불난 언덕에 유법, 연기가 있다. 불이 있기 때문에."라고 논증하는 경우의 불 유법, 한밤의 불난 언덕에 연기가 있음을 논증하는 유효 논거입니까?

대답 – 아닙니다.(앞에서 설명하였듯이 소립법의 원인을 논거로 제시한 것은 유효 논거로 인정할 수 없다.)

질문 – 한밤의 불난 언덕에 연기가 있음을 논증하는 유효 논거입니다. 한밤의 불난 언덕에 연기가 있음을 논증하는 종법이기도 하고, 순편충이기도 하기 때문에.(순편충인 것은 반드시 역편충이므로 여기서 역편충까지 언급할 필요는 없다.)

대답 – 순편충이 아닙니다.

질문 – 불이 있으면 연기가 있어야 한다는 편충이 없습니까?

대답 – 그렇습니다.

질문 – 불은 연기의 직전 원인이 아닙니까?

^{대답}– 직전 원인입니다.

^{질문}– 연기의 직전 원인이 있으면 연기가 있어야 한다는 편충이 없습니까?

^{대답}– 그렇습니다.

^{질문}– 연기를 발생시키는 효력에 장애가 없는 연기의 직전 원인이 있으면 연기가 있어야 한다는 편충이 없습니까?

^{대답}– 편충이 있습니다.

^{질문}– 두 가지 경우가 다른 이유는?

^{대답}– 연기의 직전 원인 중에서 연기를 발생시키는 효력에 장애가 있을 수도 있기 때문입니다.

이하 생략.

4. 유법의 자성이 없는 불성립 논거

질문– "토끼 뿔 유법, 존재하지 않는다. 바른지각의 대상이 아
니기 때문에."라고 논증하는 경우의 바른지각의 대상이
아님 유법, 이 논증식의 유효 논거입니까? 무효 논거입
니까?

대답– 무효 논거입니다.

질문– 무효 논거가 아닙니다. 무효 논거의 종류 중의 어느 것도
아니기 때문에.

대답– 논거 오류.

질문– 무효 논거의 종류 중의 어느 것입니까?

대답– 그 논증식의 불성립 논거입니다.

질문– "토끼 뿔 유법, 존재하지 않는다. 바른지각의 대상이 아
니기 때문에."라고 논증하는 경우의 바른지각의 대상이

아님 유법, 이 논증식의 불성립 논거입니까?

대답 – 그렇습니다.

질문 – 불성립 논거 중의 어느 것입니까?

대답 – 유법의 자성이 없는 불성립 논거입니다.

질문 – 그렇지 않습니다. 이 논증식의 종법이 성립하기 때문에.

대답 – 논거 오류.

질문 – 종법이 성립합니다. 종법의 정의에 부합하기 때문에.

대답 – 논거 오류.

질문 – 종법의 정의에 부합합니다. '토끼 뿔이 존재하지 않음을 논증하는 경우에 종법에 임한 자에게 그것이 논증식의 진술 방식에 따라 토끼 뿔에 오직 있는 것으로 확정되는 것'이기 때문에.

대답 – 논거 오류.

질문 – 정의의 어느 부분에 부합하지 않습니까?

대답 – '오직 있는 것으로 확정되는 것'에서 '있는'에 부합하지 않습니다.

질문 – 그렇지 않습니다. '바른지각의 대상이 아님'은 이 논증식의 진술 방식에 따라 토끼 뿔에 있기 때문에.

대답 – 논거 오류.

질문 – 바른지각의 대상이 아님 유법, 이 논증식의 진술 방식에

따라 토끼 뿔에 있지 않습니까?

대답– 있지 않습니다.

질문– '바른지각의 대상이 아님'은 이 논증식의 진술 방식에 따라 토끼 뿔에 있습니다. 토끼 뿔이 바른지각의 대상이 아니기 때문에.

대답– 불편충.

질문– 토끼 뿔이 바른지각의 대상이 아니면 '바른지각의 대상이 아님'은 토끼 뿔이 존재하지 않음을 논증하는 논증식의 진술 방식에 따라 토끼 뿔에 있는 것임에 편충되지 않습니까?

대답– 편충되지 않습니다.

질문– 편충됩니다. '토끼 뿔이 그것이다.'라는 것이 '그것이 그 논증식의 진술 방식에 따라 토끼 뿔에 있다.'는 말의 의미이기 때문에.

대답– 논거 오류.

질문– 논거 오류인 이유는?

대답– 그러한 의미 외에도 일반적으로 존재한다는 의미 역시 나타내고 있습니다. 만약 그렇지 않다면 '있는'이라는 말이 필요 없이 그저 '진술 방식에 따른 것으로 확정되는 것'이라고 말했을 것이기 때문입니다.

티베트식 대론 개요

1. 대론식의 기본 요소

대론식은 예를 들어 "소리 유법, 무상한 존재이다. 찰나적 존재이기 때문에."와 같은 형식으로 진술된다. 여기서 유법은 '~은(는)'이란 말로 생각하면 된다.

이러한 대론식의 경우에 기본 요소들의 명칭과 사례는 다음과 같다.

유법(有法: 최쩬: chos can) : 소리.

명(明: 쎌와: gsal ba) : 무상한 존재.

인(因: 딱: rtags) 또는 논거 : 찰나적 존재.

소립(所立: 둡쟈: sgrub bya) : 소리는 무상한 존재.

편충(遍充: 캽빠: khyab pa) : 찰나적 존재이면 무상한 존재여야 함.

2. 대론 방법

대론은 인명자(因明者: 딱쎌와: rtags gsal ba)와 발서자(發誓者: 담짜와: dam bca' ba) 간의 문답으로 진행된다.

인명자는 일어선 채로 질문하고, 발서자는 앉은 채로 대답한다.

발서자는 자신의 주장을 방어하고, 인명자는 발서자의 주장을 무너뜨리기 위해 여러 질문들을 통해 발서자를 모순으로 유도해간다.

발서자가 자신이 전에 했던 주장을 뒤에 번복하면 인명자는 왼손바닥에 오른손등을 내려치며 '차!'라고 외쳐 오류가 발견됐음을 확인시킨다. 그러나 이것이 인명자의 착각일 경우 발서자는 '찰록' 또는 '차똥'이라고 말해 오류가 없음을 주장한다.

궁극적으로 인명자는 발서자의 근본주장(짜외담짜: rtsa ba'i

dam bca') 즉, 논쟁의 시초가 된 주장을 무너뜨리기 위해 나아가며, 근본주장이 번복될 경우 발서자의 근본적 패배로 간주된다.

인명자의 질문에 대한 발서자의 답변은 주로 다음의 네 가지 중의 한 가지만을 말할 수 있다.

1. 네 가지 답변

1) 승인(되: 'dod) : 티베트어의 '되'는 문자적으로는 원하다, 주장, 승인 등의 의미이며, 인명자가 제시한 명(쎌와)에 '그렇습니다.'라고 긍정하는 대답이다.

2) 어째서요(찌치르: ci phyir) : 문자적으로는 근거를 묻는 의미이며, 소립을 부정하는 대답이다.

3) 논거 오류(딱마둡: rtags ma grub) : 유법(최짼)이 논거(딱)임을 부정하는 대답이다.

4) 불편충(캽빠마즁: khyab pa ma 'byung) : 논거는 인정하지만 그 논거에 의해 명이 입증된다는 당위성을 부정하는 대답

이다. 캽빠마즙은 줄여서 마캽(ına khyab)이라고도 한다.

이와 같이 긍정의 대답은 '승인' 한 가지뿐이며, 부정의 대답에는 '어째서요.', '논거 오류', '불편충' 등의 세 가지가 있다. 이 세 가지는 각각 쓰이는 경우가 다르므로 어떤 경우에 어느 대답이 오는지 잘 익혀 두어야 한다.

인명자가 "~인빠르탈(yin par thal: ~입니까? 또는 ~입니다.)" 하고 말하는 경우 부정하고 싶을 때 여기서는 무조건 "어째서요.(찌치르)"라고 대답한다.

발서자가 "어째서요."라고 대답하면 인명자는 자기 주장의 논거를 대면서 "~이기 때문입니다.(~인빼치르: yin p'i phyir)"라고 말한다. 발서자가 여기서 부정의 대답을 하고 싶으면 "논거 오류(딱마둡)" 또는 "불편충(캽빠마즙)" 둘 중의 하나를 말할 수 있다.

아래 보기들로 그 차이를 살펴보자.

【보기1】

인명자 – 개아(뿌드갈라) 유법, 항상한 것이다. 무위법이기 때문에.

발서자 – 논거 오류.(딱마둡)

인명자 – 개아 유법, 항상한 것이다. 불상응행이기 때문에.

발서자 – 불편충.(깝빠마중)

[보기1]에서는 개아가 무위법임을 부정해야 하기 때문에 논거 오류(개아는 무위법이 아니다.)라고 대답한 것이며, [보기2]에서는 개아가 불상응행임은 인정하지만 불상응행이면 항상해야 한다는 당위성을 인정하지 않기 때문에 불편충(불상응행이면 항상해야 하는 것은 아니다.)이라 대답한 것이다.

만약 [보기1]에서 논거 오류라고 하지 않고 불편충이라고 대답할 경우, 그것은 개아가 무위법임을 인정한 것이므로 잘못된 대답이다.

만약 [보기2]에서 불편충이라고 대답하지 않고 논거 오류라고 대답할 경우 그것은 개아가 불상응행임을 부정한 것이므로 잘못된 대답이다.

만약 인명자의 논거와 편충 모두 오류일 경우엔 불편충이라고 하지 않고 무조건 논거 오류라고 대답한다.

【 보기 】

인명자 – 개아 유법, 항상한 것이다. 색법이기 때문에.

발서자– 논거 오류.(딱마둡: 개아는 색법이 아니다.)

2. 네 가지 답변 이외의 경우

1) 인명자가 이유를 묻는 경우 : 발서자의 주장에 대해 인명자가 "~인 이유는?(~인떼?: yin te)" 하고 근거를 묻는 경우에는 근거와 함께 "~이기 때문입니다.(~인빼치르)" 하고 대답한다.

【보기】

인명자– 오온 유법, 무상한 존재인 이유는?(풍뽕아 최쨴 미딱
　　　　빠인떼?)

발서자– 찰나적 존재이기 때문입니다.(깨찍마인빼치르)

2) 인명자가 발서자에게 설명이나 보기 등을 요구하는 경우 : 인명자가 "~을 제시하십시오.(~ 쏙: ~ zhog)"라고 말하면 발서자는 대답과 함께 마지막에 유법(최쨴)이라 말한다.

【보기 1】

인명자– 무상한 것의 정의를 제시하십시오.(미딱빼 채니 쏙)

발서자− 찰나적 존재 유법.(깨찍마 최잰)

【 보기 2 】

인명자− 지식 대상이면 무상한 존재여야 합니까?

발서자− 어째서요.(지식 대상이면 무상한 존재일 필요가 없다.)

인명자− 제시하십시오.(지식 대상이면서 무상한 존재가 아닌
것을)

발서자− 무위허공 유법.(무위허공은 지식 대상이지만 무상한 존
재가 아니다.)

3) 편충 확인(캽빨롱: khyab pa longs) : 발서자가 불편충이라 대
답했을 때 인명자가 그 의미를 재차 확인하는 질문이다. 이 경우
에는 "~이면 ~여야 한다는 편충이 없습니다.(~이나 ~인빼 마캽)"
라고 대답한다.

【 보기 】

인명자− 비량 유법, 전도식이다. 착란식이기 때문에.

발서자− 불편충.

인명자− 편충 확인.(캽빨롱)

발서자− 착란식이면 전도식이어야 한다는 편충이 없습니다.

(툴쎼이나 ㄹ록쎼인빼 마캅)

3. 삼륜(三輪: 코르쑴: 'khor gsum)

대론에서의 삼륜이란 발서자의 세 가지 주장이 정면으로 모순되는 경우를 가리킨다.

예를 들어 발서자가 다음의 세 가지 주장을 했다고 가정해 보자.

- 소리는 유위법이다.
- 유위법이면 무상한 존재여야 한다.
- 소리는 무상한 존재가 아니다.

이 경우 인명자는 발서자의 머리 위로 염주를 오른 방향으로 한 바퀴 돌리며 "삼륜(코르쑴)!"이라 외친 후 다음과 같이 인명(딱쎌)을 한다.

"소리 유법, 무상한 존재입니다. 유위법이기 때문에."

이때 발서자는 어떤 대답을 하더라도 모두 다음과 같이 자신의 이전 주장을 번복하게 된다.

- 승인 : 소리가 무상한 존재임을 인정. 자신의 3번 주장 번복.

– 논거 오류 : 소리가 유위법임을 부정. 자신의 1번 주장 번복.

– 불편충 : 유위법이면 무상한 존재여야 함을 부정. 자신의 2번 주장 번복.

3. 대론 실례

1. 현량과 비량

인명자– 디! 여소유 유법.(대론 시작 시에 의례적으로 하는 말.)
부정합니다. 『석량론』3장에서 "지각 대상에 두 가지가
있으므로 바른지각에도 두 가지가 있다. 작용할 수 있
는 것과 없는 것이 있으므로."라는 가르침의 의미를 인
식할 수가 없기 때문입니다.

발서자– 논거 오류.

인명자– 인식할 수 있습니까?

발서자– 승인.

인명자– 제시하십시오.

발서자 – 바른지각의 대상에 작용할 수 있는 법과 작용할 수 없는 법 두 가지가 있기 때문에 바른지각에도 역시 현량과 비량 두 가지가 있다는 의미입니다.

인명자 – 바른지각의 대상에 작용할 수 있는 법과 작용할 수 없는 법 두 가지가 있으면 바른지각에도 역시 현량과 비량 두 가지가 있어야 합니까?

발서자 – 승인.

인명자 – 그렇지 않습니다. 그 이유가 없기 때문입니다.

발서자 – 논거 오류.

인명자 – 이유가 있습니까?

발서자 – 승인.

인명자 – 제시하십시오.

발서자 – 일체법이 바른지각의 대상이며, 유위법들을 최초로 지각함에 현량이 필요하고, 무위법들을 최초로 지각함에 비량이 필요하기 때문입니다.

인명자 – 무위법들을 최초로 지각함에 비량이 필요합니까?

발서자 – 승인.

인명자 – 존재 유법, 무위법이 아닙니까?(존재는 무위법이 아닙니까?)

발서자 – 어째서요.(존재는 무위법입니다.)

인명자 – 그것을 최초로 지각함에 비량이 필요하지 않기 때문입니다.

발서자 – 논거 오류(존재를 최초로 지각함에 비량이 필요합니다).

인명자 – 필요하지 않습니다. 그것(존재)을 최초로 지각하는 범부의 현량이 있기 때문입니다.

발서자 – 논거 오류.(존재를 최초로 지각하는 범부의 현량은 없습니다.)

인명자 – 있습니다. 심식을 최초로 지각하는 범부의 현량이 그것(존재를 최초로 지각하는 범부의 현량)이기 때문입니다.

발서자 – 논거 오류.(심식을 최초로 지각하는 범부의 현량이 존재를 최초로 지각하는 범부의 현량이 아닙니다.)

인명자 – 심식을 최초로 지각하는 범부의 현량 유법, 존재를 지각하지 않습니까?

발서자 – 어째서요.(심식을 최초로 지각하는 범부의 현량이 존재를 지각합니다.)

인명자 – 그렇다면, 그(심식을 최초로 지각하는 범부의 현량) 유법, 존재를 최초로 지각하는 범부의 현량이 아닙니까?

발서자 – 승인.(심식을 최초로 지각하는 범부의 현량이 존재를 최초로 지각하는 범부의 현량이 아닙니다.)

^{인명자}– 존재를 최초로 지각하는 범부의 현량입니다. 존재를 지각하고, 또한 그 이전에 존재를 지각한 적이 없기 때문에.

^{발서자}– 논거 오류.

^{인명자}– 어떤 논거가 오류입니까?

^{발서자}– 두 번째 논거 오류.(그 이전에 존재를 지각한 적이 있습니다.)

^{인명자}– 어떤 것을 최초로 지각하는 현량이면 그 이전에 존재를 지각했어야 한다는 편충이 있습니까?

^{발서자}– 어째서요.(편충이 없습니다.)

^{인명자}– 제시하십시오.

^{발서자}– 엄마의 얼굴을 최초로 지각하는 아기의 현량 유법.

^{인명자}– 그(엄마의 얼굴을 최초로 지각하는 아기의 현량) 유법, 엄마의 얼굴을 최초로 지각합니까?

^{발서자}– 승인.

^{인명자}– 그 이전에 존재를 지각한 적이 없습니까?

^{발서자}– 승인.

^{인명자}– 그렇다면, 그(엄마의 얼굴을 최초로 지각하는 아기의 현량) 유법, 존재를 최초로 지각하는 현량이 아닙니까?

^{발서자}– 승인.(엄마의 얼굴을 최초로 지각하는 아기의 현량이 존재

를 최초로 지각하는 현량이 아닙니다.)

인명자 – 존재를 최초로 지각하는 현량입니다. 그 이전에 존재를 지각한 적이 없고, 현재 존재를 지각하기 때문입니다.

발서자 – 논거 오류.

인명자 – 어떤 논거가 오류입니까?

발서자 – 두 번째 논거 오류.(현재 존재를 지각하지 않습니다.)

인명자 – 존재를 지각합니다. 엄마의 얼굴의 존재를 지각하기 때문에.

이하 생략.

2. 존재의 정의

인명자 – 존재의 정의를 제시하십시오.

발서자 – 바른지각의 대상 유법.

인명자 – 바른지각의 대상 유법, 존재의 정의입니까?

발서자 – 승인.

인명자 – 존재의 정의가 아닙니다. 존재의 정의라면 존재를 지각하기 전에 그것을 먼저 지각해야 하는데 그렇지 않기 때문입니다.

발서자 – 논거 오류.

인명자 – 존재를 지각하기 전에 바른지각의 대상을 먼저 지각합
니까?

발서자 – 승인.

인명자 – 그렇지 않습니다. 존재를 지각하기보다 바른지각의 대
상을 지각하기가 더 어렵기 때문입니다.

발서자 – 논거 오류.

인명자 – 존재를 지각하기보다 바른지각의 대상을 지각하기가
더 어렵습니다. 항아리가 존재함을 지각하는 대부분의
어린 아이들이 항아리가 바른지각의 대상임을 지각하
지 못하기 때문입니다.

발서자 – 논거 오류

인명자 – 논거 오류인 이유는?

발서자 – 항아리가 존재함을 지각하는 모든 어린 아이들이 항아
리가 바른지각의 대상임을 지각하기 때문입니다.

인명자 – 그렇지 않습니다. 어린 아이들에게 항아리가 존재하느
냐고 물어보면 그렇다고 대답하지만 항아리가 바른지
각의 대상이냐고 물어보면 무슨 말인지 이해하지 못하
기 때문입니다.

발서자– 불편충.

인명자– 불편충인 이유는?

발서자– 바른지각의 대상이라는 말을 이해하지 못한다고 해서 바른지각의 대상이라는 말이 가리키는 의미를 이해하지 못하는 것은 아니기 때문입니다.

인명자– 바른지각의 대상이라는 말을 이해하지 못하는 아이들이 바른지각의 대상이라는 말이 가리키는 의미를 이해할 수 있습니까?

발서자– 승인.

인명자– 그렇지 않습니다. 어떻게 이해하는지 설명할 수 없기 때문입니다.

발서자– 논거 오류.

인명자– 설명하십시오.

발서자– 소들이 풀이라는 말을 지각하지 못하지만 풀을 지각할 수 있는 것과 같습니다.

인명자– 비유 말고 어떻게 지각하는지를 직접 설명하십시오.

발서자– 항아리를 보고, 만지고, 느끼고, 이용하고, 그런 경험에 의해 그것이 착란식의 대상들과는 분명히 다르다는 것을 경험을 통해 지각합니다.

인명자– 그렇다면 존재라는 것은 오감의 대상들만을 가리키는 것입니까?

발서자 – 어째서요.(아닙니다.)

인명자 – 제시하십시오.

발서자 – 무위허공, 열반, 공성 등의 모든 무위법들은 오감의 대
상이 아닙니다.

인명자 – 무위허공 유법, 존재입니까?

발서자 – 승인.

인명자 – 바른지각의 대상입니까?

발서자 – 승인.

인명자 – 바른지각의 대상이 아닙니다. 현량의 대상도 아니고,
비량의 대상도 아니기 때문입니다.

발서자 – 논거 오류.

인명자 – 어떤 논거가 오류입니까?

발서자 – 두 가지 논거 모두 오류.

인명자 – 무위허공 유법, 현량의 대상입니까?

발서자 – 승인.

인명자 – 현량의 대상인 이유는?

발서자 – 일체종지의 대상이기 때문입니다.

인명자 – 무위허공 유법, 비량의 대상입니까?

발서자 – 승인.

인명자 – 비량의 대상이 아닙니다. 그것을 지각하게 하는 유효 논거가 없기 때문입니다.

발서자 – 논거 오류.

인명자 – 무위허공을 지각하게 하는 유효 논거가 있습니까?

발서자 – 승인.

인명자 – 제시하십시오.

발서자 – "동쪽의 걸림과 접촉을 배제한 부분 유법, 무위허공이다. 걸림과 접촉을 배제한 부분이기 때문에."라고 논증할 때의 걸림과 접촉을 배제한 부분 유법.

인명자 – 그 유법, 그 논증식의 유효 논거입니까?

발서자 – 승인.

인명자 – 유효 논거가 아닙니다. 무효 논거이기 때문에.

발서자 – 논거 오류.

인명자 – 무효 논거입니다. 유효 논거의 세 가지 조건을 충족하지 못하기 때문에.

발서자 – 논거 오류.

인명자 – 그 논증식의 종법, 순편충, 역편충 세 가지를 모두 충족합니까?

발서자 – 승인.

인명자 – 그 논증식의 종법의 정의에 부합합니까?

^{발서자}– 승인.

^{인명자}– 그 논증식의 종법의 정의를 제시하십시오.

이하 생략.

3. 대승발심

^{인명자}– 『현증장엄론』에서 "발심이란 이타를 위해 정등각을 추구하는 것. 추구 두 가지는 경전 속에서 간략하고 자세하게 설했네."라고 하신 말씀의 의미를 제시할 수 있습니까?

^{발서자}– 승인.

^{인명자}– 무엇입니까?

^{발서자}– 대승발심의 정의를 나타낸 것입니다.

^{인명자}– 아닙니다. 대승발심의 정의를 인식할 수 없기 때문입니다.

^{발서자}– 논거 오류.

^{인명자}– 인식할 수 있습니까?

^{발서자}– 승인.

^{인명자}– 제시하십시오.

발서자– 이타를 위해 완전한 보리를 목표로 하고, 그것의 조력이 된 욕구와 상응하는, 대승도의 입문이 되는 특수한 심왕(心王) 유법.

인명자– '그것의 조력이 된 욕구'란 무엇입니까?

발서자– 무상정각의 욕구와 이타의 욕구 두 가지를 가리킵니다.

인명자– 대승발심이면 그 두 가지 욕구와 반드시 상응합니까?

발서자– 승인.

인명자– 상응하지 않습니다. 상응하는 이치를 설명할 수 없기 때문입니다.

발서자– 논거 오류.

인명자– 설명하십시오.

발서자– 대승발심과 무상정각의 욕구는 심왕과 심소의 관계로 상응하고 이타의 욕구와 대승발심은 원인과 결과의 관계로 상응합니다.

인명자– 부처의 발심 유법, 대승발심이 아닙니까?

발서자– 어째서요?

인명자– 무상정각의 욕구와 상응하지 않기 때문입니다.

발서자– 논거 오류.

인명자– 부처 유법, 무상정각을 성취한 자가 아닙니까?

발서자_ 어째서요?

인명자_ 무상정각을 욕구하기 때문입니다.

발서자_ 불편충.

인명자_ 무상정각을 욕구하면 무상정각을 성취한 자가 아님에 편충되지 않습니까?

발서자_ 승인.(편충되지 않습니다.)

인명자_ 편충됩니다. 무상정각을 성취한 자라면 무상정각을 욕구할 이유가 없기 때문입니다.

발서자_ 논거 오류.

인명자_ 이유가 있습니까?

발서자_ 승인.

인명자_ 제시하십시오.

발서자_ 일체중생의 무상정각을 욕구하기 때문입니다.

인명자_ 부처의 발심과 상응하는 무상정각의 욕구란 자신의 무상정각을 욕구하는 것이 아니라 타인의 무상정각을 욕구하는 것입니까?

발서자_ 승인.

인명자_ 부처의 발심과 상응하는 무상정각의 욕구 유법, 이타의 욕구입니까?

발서자_ 승인.

인명자 _ 부처의 발심 유법, 대승발심이 아닙니까?

발서자 _ 어째서요?

인명자 _ 두 가지 욕구와 상응하지 않기 때문입니다.

발서자 _ 논거 오류.

인명자 _ 두 가지 욕구와 상응하지 않습니다. 오직 한 가지 욕구
와 상응하기 때문입니다.

발서자 _ 논거 오류.

인명자 _ 오직 한 가지 욕구와 상응합니다. 그것과 상응하는 무
상정각의 욕구와 이타의 욕구가 모두 이타의 욕구이기
때문입니다.

발서자 _ 불편충.

인명자 _ 부처의 발심과 상응하는 무상정각의 욕구 유법, 부처
의 발심과 심왕, 심소의 관계로 상응합니까?

발서자 _ 승인.

인명자 _ 심왕, 심소의 관계로 상응하지 않습니다. 동시에 일어
나지 않기 때문입니다.

발서자 _ 논거 오류.

인명자 _ 동시에 일어나지 않습니다. 선후로 일어나기 때문입
니다.

발서자 _ 논거 오류.

인명자– 선후로 일어납니다. 원인과 결과의 관계이기 때문입니다.

발서자– 논거 오류.

인명자– 부처의 발심과 원인과 결과의 관계입니다. 부처의 발심과 상응하는 이타의 욕구이기 때문입니다.

발서자– 불편충.

인명자– 부처의 발심과 상응하는 이타의 욕구이면 부처의 발심과 인과 관계로 상응함에 편충되지 않습니까?

발서자– 승인.(편충되지 않습니다.)

인명자– 대승발심과 상응하는 이타의 욕구이면 대승발심과 인과 관계로 상응함에 편충되지 않습니까?

발서자– 승인.(편충되지 않습니다.)

인명자– 편충되지 않는 이유는?

발서자– 이타의 욕구에도 여러 종류가 있으며, 그 중의 어떤 것은 대승발심의 원인이 되지만 어떤 것은 대승발심과 동시에 일어날 수 있기 때문입니다.

이하 생략.